# 樂活大叔的幸福本事

## 施昇輝的第三人生進階提案

施昇輝 著

謹以本書獻給

我的父親、母親

# 目錄

## 02 CHAPTER

## 學習ING

### 做好生涯規畫，共老共好找到新興趣

樂活還能做一些對文化、對地球更有意義的事，不是更好嗎？
如果你做的事很有意義，那就比樂活的境界更高……

03
CHAPTER

## 探索ING 心靈成長，處處有新意

「勇敢」，是關乎第三人生能否過得精彩的關鍵字。
不要怕做不到，也不要怕被拒絕……

04 CHAPTER

# 親情 ING

## 凝聚家族情感，攜手打造心空間

一切都是隨遇而安，平淡到沒有任何高潮起伏跌宕，不過我和老婆卻非常開心，因為我們發現「平凡其實就是幸福」……

05
CHAPTER

# 健康ING

## 越老越要動，強健體魄才能享樂活

要開始有氧活動，總得循序漸進，不宜一開始就挑戰，我決定從市區一些親民的步道練起……

06

CHAPTER

# 道別ING

## 道別難，善終更難

我的父母都在家裡離世，就是希望至少能讓他們在最熟悉的環境中離開。父母終究會離我們而去，只期盼他們心無罣礙，子女也沒有遺憾……

推薦序

# 享受這段專屬於你的樂活人生賽！

曾文誠

美國總統艾森豪訪問台灣、台灣中部橫貫公路通車、楊傳廣奧運十項銀牌。這三件分別代表台灣史上政治、經濟、體育的重大事件有什麼共通點嗎？答案是都發生在一九六〇年！

那年也是施昇輝誕生的日子，同時我也從媽媽的肚子跑出來！是的！我們都同年生、同生肖、同歲數。不同的是人生很不一樣，他是台大商學系高材生、我是大學聯考車尾都快掛不上。我們走的是絕然不同的道路，但繞了六十幾年後（好漫長啊！）我們似乎又走「在一起」了！

說兩人走在一起是，看了昇輝（還是該叫聲樂活大叔？）這本新書《樂活大叔的幸福本事：施昇輝的人生進階提案》，書中他所謂的「提案」，我們這個世代的人絕對可以拿來作為樂活的建議。還沒走到這個年紀的各位也可以作為未來參考。

## 第三人生無極限，恣意快活

所以書中他說到要多交新朋友「沒有新朋友、哪來新體驗」、也鼓勵大家多出門走動。我很喜歡昇輝在裡頭寫到的那句話——「退休之後，時間變得非常自由與彈性。能夠說走就走，成了此時最大的特權。不必做任何計畫，只要決定出遊的方向，然後開車出門，這樣就是一趟輕鬆自在的小旅行。」

真的是這樣啊！如今的我，最大的幸福不是財富而是時間自由，能做時間的主人，也是說走就走，帶著另一半想去哪就去哪。有時不只我們倆，也和這幾年交到的新朋友，有些都還是和昇輝的共同好友，一起上山下海很是快活，果然是「沒有新朋友、哪來新體驗」！

還有，書裡昇輝說要勇敢追求每一個第一次，這我不能同意更多了！過了五十歲的我，嘗試各種之前沒有做過的挑戰、全馬、三鐵、徒步環島，登尼泊爾高山。經由這麼多不同的第一次，更能體會「年齡不是問題，沒有不可能」這句話！

所以我說和昇輝雖然一開始走的是條不同的人生路，但現在感覺似乎又走在一條道上、一條讓我們「第一個二十五年努力學習、第二個二十五年努力工作、到人生第三個二十五年，我們努力做自己、努力做個『快活大叔』！」的路上。

## 第三人生更珍惜，享受當下

書的重心雖擺放在於昇輝對退休人生的一些想法、他身體力行後的建議。但對我而言，讓我動容的部分在於他字裡行間所流露出對家人的情感。

一本《大道真經》讓他踏上尋訪阿公的旅程，從阿公的過去，探詢台灣的鸞堂文化；還有對於雙親，那種離別的痛我深刻體會；對於孩子們，昇輝先提到「別在子女的人生下指導棋」這句話太棒了，再一個重點是「顧好自己就是對子女最好的禮物」！我們不只走在一條路上，原來觀念也如此契合。注重身體保養的我，也真的是不想未來造成小孩太大的困擾啊！

我播了一輩子的球賽，棒球比賽有個特點是，你知道什麼時候開始，但你永遠無法預測何時結束。

一九六〇年同時跑到這世上的昇輝和我，無法預測何時、哪個時間點誰先誰後離開人世，但在此之間我們都樂活，享受「比賽」這一點才是最重要的！

（本文作者為知名球評）

推薦序

# 誰是人生勝利組？誰說了算？

王師

點開網路書店暢銷排行，「心理勵志」、「商業理財」等類別，可以說是永遠不敗的常勝軍。這反映了現代人終其一生所追求的永恆目標，也是一個難以回答或定義的問題：如何打造成功且幸福的人生？

且讓我們來試著拆解一下。

成功：位居高位，財力雄厚，聲譽卓著。

幸福：家庭和樂，身體健康，人際圓滿。

想想我們身邊的人。有的人犧牲後者，換來前者。有的人為了後者，放棄前者。稍有歷練的人都知道，所謂的work & life balance，在大多數人身上並不是一個可能的選項。就像是基努．李維（Keanu Reeves）主演的科幻電影《駭客任務》（*The Matrix*）經典一幕：莫菲斯攤開雙手，一手掌心放著紅色藥丸，一手掌心放著藍色藥丸，要男主角做出無法後悔的終極選擇。

知名企管大師克里斯汀生（Clayton Christensen）二〇一二年出版的長銷之作《你要如何衡量你的人生？：哈佛商學院最重要的一堂課》（*How Will You Measure Your Life?*）就試圖在這個「自古忠孝難兩全」的困境中，為芸芸眾生指出明路。

這本書我很早就買了。但跟許多其他經典作品一樣，都只成為我書架上的擺設，滿足虛榮。偶爾瞥見，就讓眼睛吃吃冰淇淋，卻遲遲沒有找到打開閱讀的契機。

但幸好，雖然我不認識克里斯汀生，也還沒拜讀他的大作，但我認識施昇輝。有時我叫他施爸，有時我叫他學長。但無論我叫他什麼，不變的是，他都是我心目中，已然打造了「成功且幸福人生」的典範人物，之一。他看到這裡，一定很氣餒，為什麼是之一，不是唯一？因為我若寫唯一，他一定會非常臭屁，洋洋得意，四處炫耀，然後又被一票朋友白眼。為了不害他，我用「之一」就好。畢竟，這本來就是一件不需要跟其他人比較和計較的事。

如人飲水，冷暖自知。

只有自己，才真正能夠衡量自己的人生，是否圓滿幸福。

## 忘年之交，真情相敬

施爸一九六〇年生，我一九七八年生。我出生的時候，他上大學，就讀台大商學系。再過十八年，一九九六年，我成為他的學弟，考進從商學系分出來的台大工商管理系企業管理組。二〇〇三年，他離開職場，成為專職投資人。二〇〇三年，我進入電影圈，找到終生志業，至今仍未功成名就、財富自由（哭）。從年代和數字上來看，我們有著非常多神祕的牽連。當初認識的過程，也非常有趣。

曾投資李屏賓紀錄片《乘著光影旅行》、劇情片《聽見歌，再唱》的知名文青銀行家羅綸有先生多年前創辦小沙龍「荒野電影社」，每個月在家中邀請好友相聚，欣賞電影，並舉辦映後交流賞析。我因為朋友介紹，有幸參與其中，認識許多雅好藝文、來自各行各業的長輩朋友。也應該是在羅先生家的客廳，認識了施爸，並交往至今。

認識他到現在，印象最深刻的幾件事如下：

有感於電影圈的文青對錢毫無概念，連理財白癡都稱不上，以後可能連養老院都住不起，靈骨塔也買不起（零股也買不起）。施爸豪氣地說願意來我公司為同事們上理財課，也就是宛如咒語一般的0050、0056。知道他平常都在上市櫃公司演講，行情肯定不斐。我懷著戒慎恐懼的心情詢問他演講費，很怕開出天價。

「你請我喝一罐可樂就好！」

「真的嗎？太好了，哈哈。」

於是乎，他就在約定的日子，來到牽猴子當時在光復南路的辦公室，為我們近十位同事講解初階理財觀念與實務。雖然後來有多少人去買了0050或0056我也不知道。但我是有去開戶了，這是後話。

某一年，他心血來潮，想以資深影迷練就一甲子的功力去報考台藝大電影碩士班，請我這個學弟幫忙寫推薦信。我想說你都讓我用一罐可樂換價值好幾萬的演講了，我寫個推薦信還個人情也是應該的。

（反正你也考不上，我心想。）

在我都忘記這件事的某一天，他喜孜孜地跟我說：謝謝你的推薦，我要去台藝大念電影碩士啦！

這個結果實在讓我太震驚了。以至於後來本來就是念興趣的他決定不拿到學位，瀟灑走一回，我也就呵呵兩聲。人生勝利組果然任性啊。

二〇二四年初某個假日中午，我準時赴約，前去他早早邀請我的，他二女兒的婚禮。到了現場，我發現很多認識的朋友，好不開心。開席之前，我看到身為父親的他，站在台上致詞，我感覺他快講到落淚，我也跟著感動了起來。這個男人，真不容易啊。能讓家人衣食無虞，把三個孩子拉拔長大，各有成就，各有家庭。中年以後開始明白世道艱難的我，可能是第一次打從心底對他升起了尊敬之意。

你要如何衡量你的人生？

閱讀這本書，就知道了。

（本文作者為牽猴子股份有限公司共同創辦人）

自序

# 享受過程，但求隨緣

本書是我二〇二一年二月出版的《不窮不病不無聊》續篇，分享我從二〇二一年到二〇二四年、從六十一歲到六十四歲的生活點滴。

這是Covid-19疫情從最嚴峻、到和緩，再到成為普通感冒的期間。很多人的生活都受到巨大影響，我的很多想法和態度也因此有了很大的改變。最顯著的體悟是——原來生命如此無常，生活也根本無從規畫，一切只剩當下。不再執意追求目標的達成，或許隨緣反而才能自在，因為你永遠不知道世界會不會突然再來一次無預警的嘎然而止？

和前一本相比，這本書裡的生活態度不一樣了，書寫家人和朋友的篇幅也比較多了。因為每個生命階段都應該會有不同的生活重心，我必須誠實來面對，並分享給大家。

最大的改變是，「放棄」成了我這幾年最怡然自得的心態。只要過程美好，又何須圓滿的結局？

## ○忠於自己，勇於放棄

二〇二一年，我決定放棄從台藝大電影系碩士在職專班畢業，突然覺得人生一片海闊天空。有次上廣播節目時我正式公開此事，結果有位聽眾留言說我是公眾人物，不該做負面的示範，但我反而因此釋懷了。這是我人生自己的決定，無須為任何人負責。讀者、聽眾當然可以不認同，但我必須忠於自己，不該為別人而活。

我當初報考台藝大，當然是想畢業，但為什麼後來要放棄呢？因為我本來就不打算拍片來畢業，而是決定用寫論文來完成學業。不過，疫情期間讓我少了三年出國旅遊的機會，我決定不要再花費寶貴的時間寫論文，而該拿來到處旅行。在人生的優先順序上，文憑已經不再重要了。

在這段期間最不捨的「放棄」，則是決定放棄送父母去醫院急診，讓他們在我的陪伴下，於住家往生。

二〇二二年夏天，疫情仍讓社會非常恐慌。父親高燒不退，我擔心送醫會讓他因高齡被擱置，最後孤獨離世。更怕送醫後，可能連最後一面都見不到。身為他的獨子，忍痛向母親建議讓他在熟悉的環境中走完人生的旅程。

二十三天後，母親也因之前骨盆摔碎無法移動，無法在病危時送醫，讓我同樣在家裡送別了終於離苦得樂的她。

是否讓父母善終，絕對是為人子女最天人交戰的時刻，甚至造成手足衝突。因為沒有人相信父母這麼快就會離世，所以如何真的做到「善終」？

在這幾年，除了送別父母，也有一些好友相繼離世。自己在二〇二四年也曾緊急送急診，一度面臨生死關頭，但我始終以「用小劫化大劫」的正向心態來面對。不過，這件事也讓我正視每年健康檢查之必要。

## ○不輕易錯過，人生隨緣更精采

與「放棄」相反的是「不要輕易錯過」。這讓我的生活可能處處有驚喜，是「隨緣」的最佳體現。

首先，不要輕易錯過交新朋友的機會。因為勇於參加陌生聚會，才得以認識並交往到很多新朋友，因而牽引出許多特別且神奇的緣分。沒有他們，我永遠不會試圖去了解我未曾謀面的阿公曾經歷怎樣的人生；沒有他們，我也不會認識南京偽政府汪精衛主席的後人；沒有他們，我更不會愛上露營和健行；沒有他們，生活就不會有新的火花、新的視野。

再者，不要輕易錯過任何新嘗試的機會。很多書寫熟齡生活的作家最愛強調「夢想清單」的重要，但對絕大多數的人來說，這反而是一件令人非常焦慮與沮喪的事，因為大家幾乎都列不出來。我認為只要勇敢答應去做每一件「你人生第一次」的事，就能代替虛無飄渺的夢想。

近幾年讓我印象最深刻的幾次「第一次」，包括在全校性的同學會上表演舞獅，以及參加金鐘獎得獎節目《一字千金》的錄影，勇敢挑戰國語文競賽。我不會因為害怕失敗，就早早放棄，而是接受它、享受它，即使最後失敗了，至少不會有遺憾。

「隨緣」也代表「不要有計畫」，因為計畫永遠趕不上變化。一開始做太多計畫，或許限制了事情可能的發展。近幾年我和太太都是說走就走，一切隨遇而安。

不過，生在這個幾乎必須用手機才能解決很多生活大小事的時代，唯一不該放棄的，就是學習新的生活技能。有同齡的朋友說：「大不了就不去吃、不去用。」如果你也是抱持這種排斥的態度，小心就算沒失智，也會提早失能。

幸福本事無他：享受過程，但求隨緣。就是這麼簡單，不是嗎？

01

CHAPTER

# 理財 ING

## 退休輕鬆賺，放心花

雖然現在台股處於歷史相對高檔，

但只要慎選標的，不求賺取價差，只求每年有穩定股息可領。

這就像收房租一樣，但沒有房客可能帶來的困擾。

目前有很多金融股和高股息ＥＴＦ的股息殖利率都超過四至五％，

不只比租金投報率高，而且也應該可以打敗通貨膨脹率。

## 1-1 最基本的退休生活，該如何規畫？

二〇二一年一月底，我受邀在台灣高齡化政策暨產業發展協會所主辦的「壯世代經濟安頓大調查記者會」上，負責十分鐘的理財分享。我就這份調查的四大結果，提出了我的看法：

**調查一、大家希望五七．四歲退休，但實際的平均退休年齡是六四．八歲**。我認為大家希望的年齡「太不切實際」。很多人都把「年齡」作為退休的目標，但我認為應該要以「財務條件」來規畫才合理。或許到了希望退休的年齡，但根本沒有可依賴的財務條件，你敢退休嗎？反之，你年紀輕輕就符合這些條件，你什麼時候都可以退休。

**調查二、願意為退休人生開始準備的年齡在四二．八至四五．九歲**。我認為「太晚了」。現在大家都可能很長壽，但能工作的時間卻因為ＡＩ人工智慧的發達而可能變得很短，說不定你四十五至五十歲就失業了，所以在四十歲之後才開始準備，真的很可能完全來不及了。我唯一的建議是：年輕人一定「理財要趁早」、中年人「永不嫌遲」，換句話說，就是「事不宜遲，現在就做」。

**調查三、退休花費每月三・三萬元。**

我認為「太少了」。我和另一位理財專家夏韻芬都認為，退休後應該要比退休前更捨得花錢。以往節衣縮食養育全家是不得已，退休後如果還過得更清苦，就枉來人世走一遭了。任何退休準備，都該是為了未來更好的生活品質。

**調查四、需要的退休金約為九百六十七至一千兩百九十八萬元。**

我認為是「差不多的」。或許你認為餘命如果有五十年，這一點錢只夠每年花二十萬元左右，不就跟我對於調查三的看法有所矛盾嗎？其實不然，如果你透過安全穩當的投資，一年確定有五％報酬率，這個金額能讓你安心退休。

## ○退休之後，做到「不窮」最重要

接下來，我則是針對四大調查主題提供了些建議。

一、**退休金額：沒出國的話，一年至少需要五十萬**

在不必負擔子女教養費用的前提下，至少需要準備「未來每年生活費」的二十二倍。以我和太太為例，在沒有出國旅遊的情形下，一年至少需要五十萬元，才能擁有基本的生活水準，所以需要準備到一千一百萬元。拿一千萬元來投資年報酬率五%的金融商品，就能賺到五十萬元的生活費，另外的一百萬元則作為生活緊急預備金。

如果每年都想出國玩，退休金額當然就不止這些。如果保險買不夠、房貸尚未付清，甚至還在租房子，都必須把這些支出估計進去。

二、**理財工具：千萬別選定存，會越存越窮**

除了生活緊急預備金之外，有錢的話絕對不該拿去銀行定存，因為現在的定存利率太低了，低到無法對抗通貨膨脹率，存定存只會讓你越存越窮。

找到可以給你「確定收入」的金融商品，例如每年都有穩定配息，股息殖利率又至少能打敗通貨膨脹率，且該公司大到不會倒的股票。許多結合儲蓄或投資的保險或許也有這種功能，但會造成嚴重的資金排擠效果，這對退休生活品質是非常不利的。

任何希望透過賺價差來取得「期望收入」的金融商品都不適合，因為退休之後是絕對不可以賠錢的。

## 三、年報酬率：五％為目標，非常合理

承上所述，既然要是「確定收入」，所以對年報酬率的期望當然不可能很高。因為高報酬必然伴隨著高風險，反之要追求低風險，只能接受低報酬。

我認為年報酬率目標五％是非常合理，也一定可以做到的。例如目前台股中，很多金融股和標榜高股息的ＥＴＦ（指數型基金），都能讓你得到至少五％以上的股息殖利率。

## 四、金融素養：一知半解，不如不要懂

關於這一點，我和許多專家持完全相反的看法。我認為根本不需要太專業的金融素養，因為「無知不可怕，一知半解最可怕」。退休之後努力吸收金融知識，圖的多半是多賺一點「期望收入」。但這種一分耕耘，不一定會得到一分收獲，甚至還有可能誤以為自己什麼都懂，其實都只是懂皮毛，這樣風險反而更大。

此時，也不該追求「長期」複利效果，因為此時要開心花錢，而不是努力賺錢。更重要的，是千萬不要落得「人在天堂，錢在銀行」的下場，也要記得「花掉的是財產，花不掉的是遺產」。

退休之後，只要做到「不窮」就夠了，再加上「不病」、「不無聊」，就一定能夠擁有樂活的第三人生。

## 1-2 第三人生的投資理財，絕對不能賠！

很多年輕人都說投資賠錢沒關係，因為「錢再賺就有」。不過，如果你已經進入第三人生階段，萬萬不可以有這種想法。因為一來「時間」不允許，你的時間不多了；二來「收入」不允許，你已經沒有穩定的薪資收入了。

第三人生的投資理財，絕對戒之在「賠」這個字。

### 一、台幣定存：利息不敵通膨率

絕對不能賠錢的投資理財方法，第一個想到的一定是把錢存在銀行，這總不會賠錢吧？因為銀行不可能倒，所以這樣做肯定穩賺不賠。從存摺的帳面金額來看，當然不會減少，而且就算利率很低，但至少還有微薄的利息。

現在銀行定存利率只有一．三％左右，但生活上必須面臨的通貨膨脹率，好歹也有二至三%。所以把錢存在銀行，不會賠在「帳面金額」上，而是賠在「實質購買力」。

但利息收入無法對抗通貨膨脹率，所以到了第三人生仍必須繼續節儉度日，甚至比沒退休前更擔心花錢。請問，你希望過這麼拮据的第三人生嗎？

二、**外幣定存：匯損恐難承擔**

台幣定存利率太低，那就去存一些利率勝過通貨膨脹率的外幣定存吧！但是，請別忘了還有匯率的風險。或許某段期間、某些幣別的定存可以利息、匯率兩頭賺，但還是不能保證你可以永遠「穩賺不賠」。

三、**儲蓄險：高保費排擠開銷**

第二個想到不會賠的投資理財方法，就是買儲蓄險。繳費期滿可以領回的利息，一定比銀行多，而且應該還能對抗通貨膨脹率。不過，一切都必須等到繳費期滿，而這個期間經常長達二十年，你確定能活到二十年後嗎？

買儲蓄險來作為投資賺錢的工具，比把錢存在銀行還不利。因為你每年都要繳高額的保費，直接排擠未來二十年的生活開銷。如果你急需用錢，必須提前解約時更會傷及本金，這就會讓你「賠錢」了！

### 四、債券、高收益債基金：大環境反轉血本無歸

買債券肯定不會賠吧？這可不一定。因為願意提供債券高利息的政府或企業，都很有可能發生倒債風險，屆時損失將會非常慘重。很多人愛買高收益債基金，雖然一度都有不錯的獲利，但全球經濟一旦反轉，就有可能轉盈為虧。

### 五、黃金、藝術品、房產：有利有弊

黃金、藝術品和房地產是相對「保值」的理財工具，但這是在你不會變賣的前提下。一旦因為要用錢而處分它們的時候，當然是有可能賠錢的。後兩項的

最大缺點，就是變現不易，要花很多時間處理。

持有黃金或藝術品的最大好處是可以規避遺產稅的計算。大都會區的房租漲幅遠遠落後房地產增幅，所以租金投報率甚至輸給通貨膨脹率，這也是看起來有賺，但實際上是賠的投資理財方法。

六、**股票：有些可以長期獲利**

期貨交易風險太大，千萬別碰！但買股票卻有可能穩賺不賠喔！

誰說「買」股票，一定要「賣」股票呢？如果你不賣，就不會賠啊！不過，請千萬別誤會，這個道理不適用所有的股票。例如，如果你在千元之上買過宏達電，恐怕此生就要註定賠錢了。

## 樂活大叔教你兩招穩穩賺

必學第一招：用兩個條件找賺五％個股

什麼股票可以不賣就不賠呢？它必須同時符合兩個條件：一是幾十年來每年都有配股息，二是公司規模大到不可能倒閉。

這種股票其實並不少，但若要讓第三人生過得比較寬裕，還要從中找到股息殖利率（＝股息÷股價）至少五％左右的股票。很多金融股都符合這些條件。

如果你不知如何選股，與台股連結的一些「指數型基金」（Exchange-traded fund, ETF）中，有很多的股息殖利率都能穩定在五％左右，例如規模最大、最具代表性的「元大高股息」（0056）。

**必學第二招、備兩年備用金，不會被迫賣股**

這個方法如何對抗股價波動的風險呢？就是你必須準備兩年的生活緊急預備金，避免在急需用錢時必須賣股票。因為賣股票當然有可能會賠錢。

第三人生一定要有穩定的收入，而且絕對不能傷及以往辛苦存下來的錢，這樣才能擁有一個可以「放心花錢」的第三人生。

## 1-3

# 第三人生該投資股票，還是投資事業？

我有一個從大企業董事長高位退休的好朋友，最近跟我分享了一個他在第三人生的投資故事。我以為他可能是因為買0050、0056賺了一些錢，所以要謝謝我，或是很後悔沒聽我的話，去買個股卻賠了一些錢，結果都不是。

他說，以前買股票都賠錢，所以已經二十幾年沒碰過股票了。雖然聽過我介紹這兩支ETF（指數型基金），也認同它們相對安全穩定，但「一朝被蛇咬，十年怕草繩」，所以至今還是不敢再踏入股市。

倒是最近聽朋友建議，投資了兩家產業面正夯的新創事業。這些朋友個個都是企業界知名人士，心想跟著投資一定不會錯，而且能和他們一起列名股東，也算是一種榮幸。最重要的是，他認為自己是在「投資事業」，而不是在「玩股票」，畢竟後者總給人投機的印象，遠不如前者正向。

我想這應該是很多人的刻板印象，但也無可厚非，不過兩者都在追求投資收益，一切還是以「賺錢」為終極目的。若能裡子、面子都賺到，那當然再好不過了。

他接著說，可是事與願違，兩家新創事業目前都在虧損，未來也似乎難有起色。若要增資，還要參加嗎？想要認賠退場，也不容易，誰要接手這兩家尚在虧錢的公司呢？雖然他賠得起這些錢，但也疑惑第三人生還該投資事業嗎？他這樣做，是不是錯了？

我斬釘截鐵地跟他說：「你錯了！」

## 投資未知事業，風險遠大於買股票

如果他還在職場，應該要投資事業，就算虧損，至少還有薪資收入可以彌補，或是至少和這些企業大老建立堅實的人脈，仍然是有所獲益。到了第三人生，沒有了薪資收入，這些社經人脈的效用也已經不大。投資事業有賺最好，若是賠了，真的就是裡子、面子都沒了。

我問他：「你熟悉這兩個新創事業嗎？」他坦承不熟，只是聽朋友提到它們將是未來必然的產業趨勢。接著，我又問他：「既然如此，不是跟一般人買股票一樣嗎？」

投資「事業」最大的風險，在於萬一虧損時，你沒有任何有效的退場機制。如果你又不懂，更會進退兩難。投資「股票」當然有風險，但至少是變現最快的投資工具。你要認賠出場，立刻把股票賣掉就可以了。

進入第三人生，要「投資事業」，一定要投資自己熟悉的產業，不能光聽朋友的建議就貿然出錢，否則還不如「投資股票」。

## ○當包租公，租金漲幅恐追不上房價

也曾有網友問我，他領了一大筆退休金，該拿去投資房地產嗎？他說在等待增值的時間，還可以出租賺租金。

近年房價高漲，或許正是他想投資房地產的動機。但租金漲幅肯定追不上房子漲幅，所以租金投報率可能反而是下降的，甚至大都會地區只剩二至三％，恐怕連通貨膨脹率都無法打敗。別忘了，出租的管理也可能是件很麻煩的事，賺那一點點錢，或許根本划不來。

此外，房地產變現需要時間，在房價高檔時買進，也不一定真能獲利。我建議他，除非你現在沒有自己的房子可住，否則「投資房地產」還不如「投資股票」。

## 慎選標的穩存股，殖利率可抗通膨

雖然現在台股處於歷史相對高檔，但只要慎選標的，不求賺取價差，只求每年有穩定股息可領。這就像收房租一樣，但沒有房客可能帶來的困擾。目前有很多金融股和高股息ETF的股息殖利率都超過四至五％，不只比租金投報率高，而且也應該可以打敗通貨膨脹率。

進入第三人生，不再有薪資收入，現金變得更加重要。進行任何投資，都該想到它的變現性是否方便。銀行存款最方便，臨櫃提領，馬上就有，但利息實在太低；其次是股票，賣掉兩天後就能拿到錢，但要承擔股價波動的風險；外匯、黃金變現性也不差，卻是交易效率很差的投資工具。

如果你能留下兩年生活費做生活緊急預備金，就沒有變現股票可能造成虧損的急迫性，便可以規避股價波動的風險。只要風險控制得宜，我認為「股票」還是大多數人第三人生最適合的投資工具。

# 1-4 台股盤中暴跌千點，你的心情如何？

二〇二四年八月五日，台股收盤下跌一八〇七點，創下有史以來收盤的最大跌點。

不知道你當下的心情如何？我將當時可能有的心情區分為五大類，你看看自己屬於哪一類？

**一、幸災樂禍型**

很多不敢將錢投入股市，只敢去銀行定存，或買儲蓄險的人，最有可能是這種類型。

除非你有月退俸，或是可以領取的保險年金，足夠支應你在第三人生每個月的花用，你才能笑這些股民：「誰叫你們要去碰股票，現在嘗到苦果了吧？」

如果你其實擔心錢不夠支應第三人生，卻又只敢把錢放在銀行，雖然你的錢看來並沒有減少，但銀行定存利率只略高於一％，根本無法對抗通貨膨脹率，你只會「越來越不敢花錢」。請問這樣的第三人生有生活品質嗎？

或是你只敢買十年期以上，甚至二十年期的儲蓄險，雖然報酬率接近通貨膨脹率，但得等到繳費期滿，也就是十年或二十年後才能開始回收，但因為一直要繳高額保費，將會嚴重排擠你的日常開銷，一定會讓你「根本不敢花錢」。

我在這裡給你一個最簡單的建議——因為銀行不會倒，所以你才敢把錢存在銀行，那麼為什麼不把錢拿去買銀行的股票？因為絕大多數的銀行，每年配發現金股息的殖利率都在五％左右，完勝定存利率，也可以打敗通貨膨脹率。

保守如你，一定會反駁我：「股價跌了，不就賠了？」在此，我願意顛覆大家買股票的一個迷思：「誰說買股票，一定要賣股票？」銀行既然不可能倒，那就一直持有，然後每年領股息就好，不是嗎？

什麼情形下可以不必賣股票？就是留下兩年的生活費當作生活緊急預備

金。如果真的要用錢時，你不必因為要將股票變現，面臨虧損的可能。

## 二、持續觀望型

很多人認為跌到一萬九千點，還是相對高點，應該要跌到一萬五千點以下，甚至一萬點以下才該進場。

如果你是這種人，我要奉勸你「人生短短幾個秋」。如果等個五年、十年都等不到，怎麼辦？屆時你還是無法對抗通貨膨脹率，所以這段期間依然不敢放心花錢，這是你想過的第三人生嗎？

還有一個你必須誠實回答自己的問題：「跌到一萬五千點，甚至一萬點時，你真的敢買嗎？」

很多人不會自認為是「幸災樂禍」型，而將自己歸類為「持續觀望」型，但我認為兩者其實很接近。

## 三、無動於衷型

這種人很早就將退休金做了最好的規畫，不只留下生活緊急預備金，也確定每年的被動收入可以讓自己在第三人生「放心花錢」。因為規畫得宜，所以股市漲跌與他完全無關。

其實就算你把錢都投入股市，也能成為一個無動於衷的人。只要你買的股票是「幾十年來每年都有穩定配息、而且公司大到不會倒，加上股息殖利率至少超過五％」，而這些股息收入也足以讓你「放心花錢」。

我希望大家要將這種類型作為自己的目標。

## 四、見獵心喜型

這種人在重挫中勇敢進場，因為終於等到一個相對低檔可以買進的時機。

不過，如果你選的個股並沒有反彈，甚至還逆勢續跌，這時有可能從「見獵心喜」變成「樂極生悲」。請好好檢視你當天買的股票，是不是可以讓你「每年穩定領股息」，甚至讓你覺得「大不了套牢也無妨」。如果不是的話，真的不要高興得太早。

我建議大家碰到重挫時，買股票請優先想到「領股息」，而不是期望「賺價差」。

### 五、痛不欲生型

這種心情最不該發生在第三人生。如果你每天在股市裡殺進殺出，想賺價差，只要每次碰到股市重挫，你肯定就會焦慮到睡不安穩。

很多人的第三人生，是不會再有薪水這種固定收入了，所以此時的投資是絕不允許自己賠錢的，因為已經不能再用「錢再賺就有」來自我安慰了。

請一定要做好心理準備，台股再次重挫千點的機會依然存在，但無人能夠預測正確的時間點，所以請讓自己能夠成為「無動於衷」的人，或最起碼是「見獵心喜」的人。

# 1-5 遺產分配比遺產稅規畫更重要

大部分人對「遺產規畫」的想法，多數會先聯想到「稅務規畫」，但我認為如何「分配遺產」恐怕才是第一要務。

遺產稅的規畫，主要著眼點在於生前遺產的轉移，減少未來遺產稅的課稅基礎。在很多媒體報導中屢見不鮮，很多人雖然省了遺產稅，卻提早被子女棄養。

絕大多數的人其實課不到遺產稅，因為有很多項目可以從遺產中剔除，包括免稅額一千三百三十三萬元、配偶扣除額四百九十三萬元，每個子女扣除額各五十萬元（若未滿十八歲，扣除額還會按年齡增加），以及喪葬補助費一百二十三萬元。若你留下一名配偶和兩名十八歲以上的子女，總共有兩千零四十九萬元的遺產無須繳稅，超過部分一般以一〇％課徵。除非你很有錢，才可能課到二〇%的遺產稅（註：以上參考一一三年扣除額公告，會依照平均消費者物價調整）。

以上的遺產包括存款、股票及房地產。你可以先試算一下，就或許根本不必為節稅而煩惱了，所以真正要費神考慮的，其實是遺產的分配。只要你的繼承人不只一人，就牽涉分配的問題。

假設你將留下配偶和兩名子女，依法律規定，三人各分得三分之一。存款和股票這樣分配不會有問題，但如果你只有一間房子，就會成為他們共同持分，以後使用與處分就會造成困擾。

## 房屋繼承一代傳一代，人越多處分越複雜

繼承的第一代因為只有三人，可能還好處理，但子女未來可能會（或已經）結婚生子；再到下一代繼承時，人數一定會增加，每人持分也會越來越小，再要處分的困難度將大大增加。

我有個朋友最近買了一間房子，出售人總共有四人，各持分四分之一。對方年紀都超過六十歲，所以他們也知道不在自己這一代做處分，以後會非常複雜。

這位朋友告訴我，整個買賣過程非常繁雜。其中有幾人住在國外，所以往來文件很費時，加上又處於疫情期間更添難度。有一人一直對議價過程有意見，態度反覆，所以我朋友還必須等待他們花時間溝通。

不只如此，另有一人既不表同意也不表反對，都必須等存證信函的法律程序完備後，才能進行下一個程序。好在土地法第三十四條之一規定，只要（一）所有權及所有權人數超過一半，或（二）所有權超過三分之二的持有人同意，就可以處分房地產。不然以不作為來刁難，整筆交易可能就很難完成（註：相關法律規定爾後有可能逐年修改，請讀者自行查詢，以當下法規為準）。

他們只有四個人，就讓買賣非常複雜。假設一旦持分人數超過十人，簡直就難如登天了。

## 遺產留房勿共有，立遺囑要注重公平性

有鑑於此，我對遺產分配的唯一建議就是——房子絕對不能讓家人共同持分。但這時碰到兩個問題，一是必須先立遺囑，二是對家人的公平性。

只有立定遺囑，才能排除法律對分配比例的硬性規定。不過，對每個繼承人還是有「特留分」的規定，也就是每人分配到的比例不得少於法律原先規定的一半。因為法律不允許你因為某個家人對你不好，就完全不留遺產給他。以前述的例子來說明，每個人都不得低於六分之一。若未達上述比例，遺囑是無效的。

目前遺囑仍須親自手寫，才有法律效力。若能在公證人面前錄影存證，日後較無爭議。

如果你只留下一間房子，可以先把房子指定由配偶繼承，至少讓他（她）晚年仍有棲身之所，其他存款和股票再依符合法律的規定合理分配。千萬不要指

定其中一名子女繼承，因為風險很大。一來手足之情可能提早破裂，二來配偶也有可能被迫搬出去。

如果你只留下一間房子，而配偶也已過世，當然就必須在遺囑中明定由哪一名子女繼承房子，然後將存款和股票都給另一名子女繼承，以維持公平性。

如果你留下的房子足夠分配給每個家人至少一間，但大小、地點、屋況都不盡相同，所以也要透過存款和股票來做彈性安排。

很多人會利用每年贈與稅的免稅額度，將存款轉給子女。但這樣做，會造成你名下存款減少，對於無法繼承房子只能繼承存款、股票的子女，是不公平的。

父母離世後，子女為遺產反目成仇，進而相告的新聞時有所聞。唯有生前妥善分配，並立定遺囑，才不會讓遺產本來是父母的「遺愛」，最後變成了「遺憾」。

# 1-6 你要留下什麼股票給家人？

母親往生後，收到國稅局寄來遺產清單，其中列有六檔股票。我認為這些股票都值得自己身後留給家人，因此決定不處分它們，一來紀念母親，二來留給子女。

六檔股票中，數量最多的是超過百張的0056。當時股價確實直直落，我相信母親的成本都在市價之上，甚至遺產稅是以她往生那一天的收盤價來計算，也在二十八元以上，所以我繼承這些0056，不只「套牢」，還「多繳」了一些遺產稅（編按：0056在二〇二四年，市價最高曾超過四十二元）。

母親聽我的建議，銀行定存單每到期一張，就解約買0056，陸續買了四年以上。這四年的配息分別是一次一．六元，兩次一．八元、一次二．一元，扣除這些領到的股息，成本約在二十八元左右。

假設往後0056每年能配息二．一元，十五年後就完全回本，屆時股價也不可能變成〇。即使我等不到它回本，但子女繼承之後還可以每年一直領股利，生生世世地領下去，不是嗎？（編按：二〇二四年總共配息三．六三元）

其次是兆豐金，有十幾張。雖然兆豐金當時股價一路下跌，一度從最高四十五元跌到低於三十元。但她不是當年才買入，成本應在三十元以下，並沒有套牢。不過國稅局是用三十五元左右的價格來課遺產稅，當時來看，我也是「多繳」了一些遺產稅。

母親應該領了幾年股息，成本或許不到二十五元。再用前述0056回本的計算方法，或許只要十五年就完全回本了，一樣能傳承給子孫領下去。為什麼0056、兆豐金可以永遠領下去？因為我相信它們絕對不可能下市。

再來是超過十張的第一金。記得二十幾年前，她抽中三張第一金的增資股，當時認購價格是七十元，後來曾漲到接近一百元，但她因為堅持要賣一百元所以最後沒賣掉，就嚴重套牢到往生。後來她又買了一些，平均成本遠高於市價。但她說每年至少有配股息，就當定存了吧！

雖然第一金回本年數會比００５６、兆豐金長很多，但我相信還是可以永遠領股息。

## 股災下用「這原則」存股

剩下是三檔電子股，是父親生前幫她買的，分別是幾張英業達及南亞科和聯電的零股。幾年前，父親自知有些失智，決定不再買賣股票，我曾幫他們處分一些自認比較不能安心的股票，但留下了一些零股。

英業達是我唯一沒有建議她賣掉的電子股。因為它雖然毛利率、成長性不高，但獲利穩定，每年配息也穩定，再加上股價才二十幾元，真的可以把它看成「類金融股」，二〇二三年還因為ＡＩ風潮大漲過。它下市的機率當然比００５６、兆豐金、第一金略高一點點，不過因為只有幾張，風險有限，也就沒什麼好焦慮的。至於南亞科和聯電只有零股，就懶得理了。

母親於二〇二二年往生，台股自最高一八六一九點，跌到最低一二六二九點，跌了近六千點，甚至跌破一九九〇年最高點一二六八二點，所以只要有買股票的人，就算只買0050、0056，也幾乎都是處於嚴重套牢的狀態。

這時，根本沒有「汰弱留強」的策略可以執行。只能問自己：萬一往生了，手中的股票是否值得留給家人？我剛剛已經用了母親的例子來做說明，現在要輪到你自己來評估了。

最不值得留下來的股票，就是股本小、獲利不穩定，甚至還虧損而很難每年配息的股票。

## ○「回本年數」逾五十年，恐討不回遺產稅

別以為目前股價在千元以上的股票就安全。當年很多「千金股」最後股價照樣跌到個位數，甚至還下市。萬一你往生時，這檔股票的股價還有幾百元，但後來竟然下市，那麼家人為此多繳的遺產稅，就永遠要不回來了。

再來，就算是每年都有配息、也不可能下市，但股價很高的股票，也該考慮斷捨離。可用回本年數的計算公式（註：回本年數＝持股成本價÷每年平均配息），來算算要多少年才能回本。如果超過五十年，或許等到子女往生時都還沒回本呢！

# 1-7 「施昇輝」要加你LINE，就是詐騙！

近幾年來，我在投資理財界也算略有名氣。所以被詐騙集團利用，假冒名字在臉書招攬會員時，確實讓一些民眾誤信而損失慘重，其中又以銀髮族居多。要如何避免上當？他們的詐騙手法又是什麼？

最簡單的防範手法就是：只要看到「施昇輝」加你進LINE群組，還有年輕貌美的助理跟你聯絡，那就是詐騙！因為我的LINE帳號不是中文名字，我也沒有任何助理。

其次，在臉書頁面上只要有「贊助」兩字，也是詐騙。因為他們花錢刊廣告，就會顯示「贊助」，但我從來不會這麼做。

我的臉書粉絲專頁名稱是「樂活分享人生」，有超過十五萬人追蹤，而那些用「樂活」、「施昇輝」、「投資」的排列組合來魚目混珠的冒牌粉專，大概只有幾十個、最多幾百個追蹤數。這也是一個區別真偽的好方法。

此外，若你願買任何一本我的書來看，就知道我永遠只講0050、0056，怎麼可能帶你買個股？如果只聽過我的名字，根本不知道我分享的內容，就很可能成為詐騙集團眼中的肥羊。我常在演講時跟台下聽眾說：「你如果肯花兩、三百元，就不會被騙兩、三百萬了！」有些案例被騙的金額遠遠超過兩、三百萬元，甚至千萬元都有。

就算你不知道以上這些方法，只要不心存貪念，他們也騙不了你。為什麼銀髮族是最大宗的受騙族群呢？因為多數人在退休後，很難對自己的經濟狀況有百分之百的安全感。如果有人說可以獲利好幾倍，又沒有風險，有些人就會一步步踏入詐騙集團的誘人陷阱。

## 手法為典型「港股詐騙」

以往最常見的騙局，是建議你去買他們推薦的港股。香港股市有許多成交量很低、股價只剩幾分錢的股票，被稱為「仙股」，取英文一分錢（cent）的諧音。詐騙集團默默收購這種股票後，就假冒「施昇輝」告訴加入群組的會員，聲稱他們有內線，可以將那支股票從幾分錢炒高到幾毛錢，也就是獲利可以超過十倍，然後要大家等候通知，在同一天進場買進。

當天股價一開始真的會因此而大漲，但詐騙集團往往逢高不計價賣出，因為他們的成本實在太低，而港股又沒有跌停板機制，所以收盤很可能直接重挫九〇%，讓受害者血本無歸，這些持股甚至永遠再也賣不掉了。

有時則是要你去買美股，因為有太多冷門股票，而且一樣沒有漲跌停板。

最後被害者往往求告無門。一來詐騙集團幾乎都在境外，二來是你自己下單買進股票，怨不得人。後來有被害者告我，我還必須去警察單位證明那個「施昇輝」不是我。

我能控告詐騙集團嗎？也沒辦法，因為警方認為我沒有實質損失，他們無法受理；二來我的肖像權雖被侵害，但根本不知道被誰冒用，我也無從告起。

其他常見手法還有宣稱他們有特殊管道，可以用較便宜價格買到今天已漲停的股票，不過要大家保密，然後將錢匯進指定帳號。而你一旦匯款進去，當然就再也領不出來。

類似騙局也包括幫你用人頭抽中一些承銷的股票。這些股票價差都在幾萬元以上，但中籤率其實很低，居然還是有人相信自己運氣好，可以抽中上百張。此時，詐騙集團就要你匯款到人頭帳戶，以便繳納股款。很多人覺得能平白無故賺個幾百萬元，就上當了。匯款之後，當然也連絡不到詐騙集團。

或許還有我不知道的別種詐騙類型，但只要簡單想一下，為什麼有人這麼好心要幫你賺錢呢？這麼做有什麼好處？小心詐騙集團還會騙你說：「希望大家一起賺錢，一起來做善事。」

請永遠記得「免費的最貴」這句話。

因為利誘太大，很多人就會鬼迷心竅，結果辛苦存下的退休金，可能就這樣統統不見了。切記，永遠不把錢匯給陌生人！

# 02
CHAPTER

# 學習 ING

## 做好生涯規畫，共老共好找到新興趣

很多人認為「樂活」就是第三人生該追求的目標，
因為多數人連這一點都很難做到。
如果你已經做到樂活，還能做一些對文化、對地球更有意義的事，
不是更好嗎？
如果你做的事很有意義，那就比樂活的境界更高。

# 2-1 學著找事做，刷存在感、有成就感，地位大提升

我有一位好朋友最近從董事長高位退休下來，開始過平凡老百姓的生活。他在臉書上分享了自己從洗碗中得到的快樂，讓我眼睛為之一亮。

他是這樣寫的：

沒有常態工作後，在家時間變多，找到存在感、成就感變成重要待辦事項。

洗碗，我發現真是榮耀的偉大工作。一小時之內，可以把剛剛好像被炸彈轟過的料理台和洗碗槽裡，油膩碗盤、濁汙鍋盆和殘葉敗肉一片狼籍，變成明亮潔淨乾爽的宜居環境。

多洗幾次之後，在家裡的地位也提昇不少。生活比以前踏實多了，至少吃得安心，睡得安穩。

## 退休失落感，男性尤其明顯

還在職場時，他擘劃企業藍圖、指揮若定、業績亮眼，當然充滿了成就感。絕大多數的人就算不像他擔任董事長一職，至少在自己的工作崗位上，應該也能找到存在感。

然而，退休之後，沒了努力拚搏的戰場，真的讓很多人頓失生活的重心，這種失落又以男性更為明顯。因為很多男性每天的生活重心都是工作，一旦退休、沒了業績的奮鬥目標，就好像完全不會過生活一般。

女性如果是家庭主婦，例行家事就占據了一整天，即便進入第三人生，應該還是有很多事要做。如果是職業婦女，回家還要操勞家務，所以退休後的生活也沒有太多改變。反觀男性，忙於工作，回家或許累到無法分攤家事，結果進入第三人生後，可能反而很多家事都不會做，所以生活毫無存在感和成就感。

## ○把苦差事，變榮耀生活的事

學學我這位朋友吧！他居然熱愛「洗碗」這件大家避之唯恐不及的苦差事。當他把「油膩碗盤、濁汙鍋盆和殘葉敗肉一片狼籍」收拾乾淨，「變成明亮潔淨乾爽的宜居環境」時，更將其視為「榮耀的偉大工作」。

他是一位非常好客的朋友，經常邀三五好友去他家小聚，我就曾經去他家吃過一次飯。當天，他的夫人準備了許多料理，事後的廚房肯定就是杯盤狼藉。當時還是他的夫人和一些女眷負責清理，我們這些先生就在客廳翹二郎腿閒嗑牙。如今我看到他在臉書上分享的這則短文，想像他在廚房忙碌又自豪的神情，真是很有臨場感。

我也會洗碗，但還算不上能產生「存在感」和「成就感」，真正讓我有這種感受的家事是「洗衣服」。

我在二〇〇三年被迫離職。直接進入退休階段時，因為太太還在上班，當然必須擔負起大部分的家事。當時三個子女仍在就學，每天換下來的衣服很多，如果幾天不洗，就會備感壓力，甚至來不及讓他們有乾淨的制服穿去學校，所以我大概兩天就會洗一次。

## 不會煮菜，洗衣也能有成就感

如今當然不是用雙手在洗，而是用洗衣機，雖然不算是體力活，但是洗完之後，還是要人工晾起來曬乾，乾了之後也要摺好收進衣櫃。當時宅在家，時間多到不知如何使用，晾衣服和摺衣服成了最能打發時間的工作。

即便我現在比以前忙多了，但我還是主動做這件事。我特別愛在寫作前，先把衣服丟進洗衣機。因為我的書桌前有扇窗，外面就是放洗衣機的位置，所以我常常伴隨著洗衣機隆隆的馬達聲在寫作。等洗衣機完全靜止後，正好也是我寫到一個段落的時候，我就起身去晾衣服，也算是順便休息一下。

我們有一群朋友很愛一起露營，其中的先生們各個都是烹飪高手，我則是唯一的例外，吃完飯只能負責洗碗一事。我常常跟他們說，露營給我最大的壓力是「這些男生怎麼這樣會做家事？」然後覺得自慚形穢。

有一回，太太說我雖然不會煮菜，但衣服都是我洗的，讓其他男生聽了目瞪口呆，因為他們都不愛洗衣服。「烹飪」當然比「洗衣服」有成就感，但我願意做這種乏味無趣的事，反而讓他們對我很敬佩。

## ○做小事能維繫感情，就是大事

進入第三人生的先生們，找一、兩件家事來做吧！千萬不要成為太太眼中的「大型垃圾」。

做家事看來是「小事」，但能藉此維繫夫妻感情，就是一件「大事」了，甚至還可能帶來「存在感」和「成就感」。誠如好友說的，他「在家裡的地位也提昇不少」。最重要的是，太太會在朋友面前稱讚你，讓你更樂於出門與老友相聚，這難道不是一件「好事」嗎？

# 2-2 向我的熟齡作家朋友們致敬

日前搭捷運，巧遇只見過一面的作家江育誠。他寫過一本《退休練習曲》，是我很喜歡的一本書，他也是我很崇拜的一位熟齡書寫者。

我們是在一個電視談話節目同台時認識的。當時兩人都在為自己的新書宣傳，所以在梳化間聊得很愉快。節目結束後，立刻加了臉友，然後經常在彼此的文章下按讚或留言，也藉此了解彼此近況，不過從此未曾見面。所以在捷運上遇到，感到格外開心。我下車前，還請他下次要走兩萬步時，記得邀我一起去。

日行兩萬步不稀奇，他最讓我佩服的是他的三項退休嗜好（其實根本是「專長」）：昆蟲攝影、修理古典時鐘，以及素描與寫生。為什麼我很崇拜他？因為他會的這三項，我全都不會。

## ○退休前培養興趣，老後生活更精采

他在書中建議讀者，退休前要培養至少一項興趣，才能在未來漫長的退休歲月中，不會感覺生活很無聊。

若要論多才多藝，人稱「陶爸」的陶傳正，絕對是熟齡男子中的佼佼者。他之前是嬰幼兒用品奇哥公司的董事長，但近年來寫書、唱歌、演戲、主持節目樣樣來，也樣樣精通。相對江育誠的嗜好，這些事對我來說，就沒有那麼大的困難度。

我和他的初次見面，是一起受邀參加一場有關第三人生的座談會。他在分享完人生經驗後，用「退休之後，絕對不可以買股票」作結，然後看著我，要看我怎麼接下去講「退休理財」？

我們沒有事先排演過，但他既然發球過來，我也只好硬著頭皮接了。好在我看來講得頭頭是道，他也只好露出佩服眼神，因此開啟了我們在臉書上鬥嘴的模式。

後來我們一起參加餐會，也再次同台對談，他還邀我去看了他和聲樂家范宇文所主演的舞台劇《琴瑟和鳴不同調》。兩個人從頭到尾演一個鐘頭，高齡七十幾歲的陶爸能背完所有台詞，真的讓我佩服到五體投地。他是我的榜樣，希望我有幸能活到他這個年紀時，還能有這樣的記憶力。

## ○退「修」不退「休」，一生玩不夠

李偉文則是我最熟悉的熟齡作家，不只上過他的節目，也一起到國內外旅行、聚餐、看電影，算是真正的好朋友。他其實沒有退休，但已經減少本業牙醫的看診時數，所以也算是另一種退休吧！

他主張應該是退「修」，而不是退「休」，也就是要繼續「進修」，而不是「休息」。他的座右銘是「一生玩不夠」，如果能把所有的事情都當作在「玩」，生活就會變得非常有趣，再加上從事的活動又很有意義，那真的不枉此生。

他一年演講的次數是我的好幾倍，我有時都感到厭煩，他卻樂此不疲，這是我最敬佩他的地方。

進入第三人生，能對社會做出的貢獻就是「分享」經驗來幫助別人。演講、寫作都是最直接的方式，但我認為就算做不到這兩件事，何妨就寫在臉書上，甚至成立一個粉絲專頁呢？

## ○從生活出發，啟發第三人生方向

「薇姐張郎」和「嫻人的好日子」就是我持續追蹤以熟齡為主題的兩個粉絲專頁。這兩個粉專都從真實生活出發，而不是那種講人生道理的心靈雞湯，所以更能引起大家的共鳴。

「薇姐張郎」寫的是第三人生的夫妻相處之道。一個急驚風，一個慢郎中，看似整天鬥嘴，其實字裡行間都是「打是情，罵是愛」，令人羨慕不已。最令人驚豔的是他們每天衣著都光鮮亮麗，完全顛覆退休人士的形象，是我該好好檢討與效法的。

「嫻人的好日子」的版主，曾和我一起上過好幾次由前104人力銀行總經理阮劍安所主持的Podcast《高年級不打烊》。她的粉專則是以女性觀點來分享退休後，身為人妻、人母、女兒、媳婦和屬於自己的日常。她和我一樣都是出身金融業，所以文章中對退休理財也有所著墨。

如果不知道怎麼安排第三人生，建議你多看看他們的書或粉絲專頁，應該能有所啟發，並找到適合自己的方式，讓生活更多采多姿。

# 2-3 參加陌生聚會，才可能有奇妙的緣分

進入第三人生，很多人的社交圈會開始逐漸縮小，尤以男性更嚴重。當你離開職場後，同事、同業、客戶都很快會離你而去；同學雖可能仍有往來，但總會逐漸凋零。唯有結交新朋友，才可能拓展不一樣的生活。方法很簡單，但又很難做到，那就是勇敢參加陌生聚會。

跟團旅行是比較容易參加的陌生聚會，畢竟旅程本身的有趣性，能和陌生人產生比較自然的互動機會。如果只是受邀參加一場餐會，可能會因為缺乏共同話題，而讓彼此陷入沉默的尷尬。

我這幾年結交的新朋友，很多都來自一些飯局。邀我參加的人，當然是熟識的朋友，但同桌一起吃飯、甚至比肩而坐的人，絕大多數都是第一次見面。

近幾年常參加的飯局，都是由中央大學中文系助理教授胡川安所召集。他

人面廣闊，所以幾乎每次飯局都可以認識不一樣的賓客，包括作家、大學教授、科技專家、企業主管、法界權威、社運人士、友台日人等各方菁英。

我以前念的是管理，現在寫的多半是投資理財，所以能認識這些完全不同領域的人，可以讓我學習到不一樣的知識，得到非常多啟發，也開了很大的眼界，真是應了那句話：「談笑有鴻儒，往來無白丁。」

## 與《斯卡羅》作家結為好友，共訪小說場景

台灣腫瘤醫學權威陳耀昌醫師，近年寫了很多與原住民歷史有關的小說，最知名的就是電視劇《斯卡羅》的原著小說《傀儡花》。我和他是在一處古蹟改建的餐館中認識的，這裡原是蔣渭水當年行醫的診所，當天就發生了一件與蔣渭水有關的事情。

當晚他的最新小說《島之曦》必須完稿交給出版社。這正好是一部關於蔣渭水當年領導台灣民主運動的小說。他一直希望能找到當時永樂座戲院的舊照片

卻未能如願，沒想到在座、也是當天才認識的梁先生，立刻上網找到了當年蔣渭水出殯時的影片，有拍到永樂座，就截圖提供給陳醫師。他非常開心，我還笑稱可能是蔣渭水當晚顯靈了。

我和陳醫師自此成了好朋友，後來他要寫一本和台灣鸞堂有關的小說，因為知道我阿公是鸞生（註：即扶鸞儀式中被神明附身，負責扶持鸞筆在沙盤上寫字的執事人員），特別邀我一起去苗栗獅頭山探訪。這段故事收錄在他的短篇小說集《頭份之雲》中。

## ○結識故宮研究員，捐父親收藏完成遺願

另一個有趣的緣分是在其他幾次聚會中，正巧和故宮南院的研究員同桌，也因此讓我完成了一件擱在心上很久的事。

家父往生後，整理他的遺物時，發現衣櫥下面有很多用報紙包著的字畫。他不是藝術的愛好者，可能是年輕時借錢給朋友，對方無法還錢，只好拿字畫

來抵債。

這位研究員熱心地介紹一位專家，幫我做初步鑑定，結果發現可能都是贗品。正愁不知如何處理時，她看到一幅曾任中華民國大總統徐世昌所寫的「古之遺愛」，雖然嚴重毀損，但可以供學校字畫修復科系做練習之用，就勸我不妨捐了吧！

我決定除了這幅字畫，連同汪精衛、伊立勳、劉墉的三幅，無論是真跡或贗品，都一併以家父名義捐給學校。她還趁到台北出差之際，到我家來協助捐贈程序必要的拍照和建檔，也讓我見識到他們對古物的珍惜，以及專業的保護方法。家父迫於無奈的收藏，終於在他往生後有了意義和價值。

此外，我也認識了一位在大稻埕開設黑膠酒吧的女老闆。有一年除夕夜，她在網路上邀請無法和家人吃年夜飯的人到她店裡圍爐。我認為這是一個非常溫暖的活動，便決定吃完年夜飯之後，去她那裡和這些人碰面，感受這種溫馨的氣氛。在場的每個人都是第一次見面，卻也能聊得異常熱絡。不過，我沒和任何一個人留下聯絡方式，讓當晚就真的只是「萍水相逢」。

在我戲稱是「川安宴」聚會中所認識的其他朋友，也都有各自發展的故事，以上只是略舉數例而已。認識他們，後來也有機會再認識他們的朋友，緣分便會源源不斷，生活當然就會出現各式各樣意想不到的驚喜。

所以，下次若有朋友邀你去參加他的聚會，請不要輕言拒絕，要敞開心胸赴約，或許可以為你打開很多扇精采的人生大門。

## 2-4 不要羨慕別人，才能自在樂活

看到有錢有閒的作家常分享出國旅行的經驗，雖然很羨慕，但一想到這些都是退休生活中花費最多的項目，或許很多人心中有的是更多挫折。

幾年前，受邀和另兩位作家一起參加座談會，分享如何規畫退休生活。其中一位講完他環遊世界的故事後，當場就有聽眾起來嗆聲說，他有錢、沒有小孩、也不用照顧父母，才能過得這麼逍遙。如果他跟自己一樣失業，還有小孩、父母要養，就不可能過這種生活了。

那次經驗帶給我很大的震撼，因為很多人確實沒辦法和我們一樣輕鬆度日，所以我後來也警惕自己，寫文章時要盡量避免讓讀者覺得我有炫耀的意圖。

我聽完這位作家的分享，當場也有些沮喪，因為當時我的父母都還健在，我又是獨子，怎麼可能在牽掛中出國旅遊一、兩個星期，更遑論去環遊世界？

現在多數人都有用臉書，常會看到朋友分享旅行的照片。如果退休後的經濟狀況不允許，或是必須負起照顧家人的責任，我建議你就把這些朋友的臉書動態都「隱藏」吧！

二〇二三年三月，我去日本賞櫻，其實也是因為羨慕朋友才起而效尤。當時太多朋友在臉書分享國內外賞櫻的照片，想說「輸人不輸陣」，所以雖是參加日本熊野古道旅行團，又在旅程結束後安排去大阪自由行兩天，為的就是拍一些美美櫻花照片。

事後反省，這應該不是旅行真正的意義吧？

## 國內爬山、露營，花費不多一樣快樂

疫情期間因為不能出國，我反而能好好深入台灣各地去旅行，而這些花費遠低於國外旅遊。特別是我最近迷上的步道健行，既能強健身體，又不必花很多錢。熊野古道雖美，但台灣的錐麓古道、霞喀羅古道、太平山見晴古道也不遑多讓！雖然走起來確實有些辛苦，但並沒難到走不完。且若真走不完，其實也沒關係啊！

我有一對夫婦朋友非常熱愛爬山，看他們的照片，就不會只有羨慕而已。因為不需要花很多錢和時間，有些山爬起來也並不難，當然就不會擔心自己做不到而心生沮喪。

露營也是親近大自然、欣賞美景、花費不多的選項之一。我始終認為花費好幾千元、甚至上萬元去民宿住一晚的CP值非常低，因為不過就是睡個覺而已，頂多可以拍一些網美照自嗨。露營一個棧位大概一千元出頭，晚上自己煮來吃、天南地北聊天，再搭配徐徐涼風，人生夫復何求？

千萬別以為露營還像早年那麼克難，現在連衛浴設備都有，甚至還有屋頂、棧板，刮風下雨都不怕。誰還在辛苦生火？帶個瓦斯爐、瓦斯罐，旁邊就是水槽，不就可以大展廚藝了嗎？

## ○三五好友小聚，「人對了」什麼都好吃

或許你真的不喜歡走入大自然，當然也不必勉強，但總會偶爾和親朋好友聚餐吧？這時，也別因為看了美食文卻吃不起而沮喪。聚餐的重點其實是「人」而不是「餐」。人對了，什麼都好吃；人不對，再好吃都無味。我認為每次跟三五好友吃飯就好，如果都是好幾桌的大團聚，其實就真的只剩下「吃」了。

到了第三人生，「擇日」不如「撞日」。別為了吃大餐，預訂一、兩個月後才見面的熱門餐廳，應該就近（無論是時間或地點）找個小館子吃吃聊聊就好，因為或許再也沒機會見到面了。

這是一個崇尚美食，進而追逐美食的年代，可能也造成很多人的「美食焦慮症」。不過欲望越多，失落越深，所以希望大家不要「閒得只剩下吃」。

最近媒體也喜歡報導邀朋友集資蓋房的故事，這樣就能跟老友一起終老，真是非常浪漫的事。有朋友也曾邀我一起參加，我沒答應，因為我一直不願意

和好友在老後有金錢的「合資」或「互動」，或許最後有可能傷了友誼。另一個顧慮則是朋友一旦往生，由子女繼承、處分後，會有很多外人加入，喪失了原來的美意。

高品質的老後生活，才能吸引目光，但這都是用「錢」堆砌起來的。大多數人還是擔心退休後的經濟狀況，就別勉強自己也要和他們過一樣的生活，其實還是有花費不多的方式，照樣能自在樂活。

# 2-5 人生短短幾個秋，還是短短就幾天

二〇二〇年開始的新冠肺炎，影響我最大的是，我已經浪費了兩年不能出國，而且可能未來兩、三年也很難成行。我還有那麼多國家沒去過，怎麼辦？

時間越來越少，體力也越來越差，正巧最近看到詹宏志在著作中所言——世界苦多，人生苦短。頓覺怵目驚心。以往一年出國兩、三次，實在太少了。非洲沒去過、南美沒去過、歐洲好多國家也都沒去過，還有機會去嗎？

因為疫情曾讓出國變難了，但沒想到和朋友相聚，居然也變得不容易了。這兩件在第三人生最重要的事，再也不是理所當然的了。

特別是二〇二一年五月中旬，進入三級警戒後，我們幾乎不能再跟任何人有實際的互動。朋友當然不必說了，連不住在一起的親人也維持著能不見面就不見面，深怕被傳染，或傳染給對方。即使降為二級後，大家依然保持高度警

覺。

以往我常說「和朋友相聚要即時，永遠不要說『改天有空再聚』」，因為或許那個「改天」永遠不會再來。

## 疫情持續，把握每次相聚機會

疫情降為二級後，我和幾個朋友早在半年前就預訂的新竹尖石鄉露營地有開放，我們決定照原計畫前往。營地規定不得一起用餐，我們只好在各自的營帳前自己煮來吃，然後隔得老遠聊天。雖然有點辛苦，但大家都很珍惜這種難得的幸福。

在山上，我把露營照片LINE給住在新竹市區的另一對夫婦看。他們覺得機會難得，就邀我們下山後一起吃晚飯。我和太太非常開心，欣然同意。這是我們疫情爆發後，近幾個月來第一次和朋友聚餐。

餐廳內只有兩桌客人，我們四個人坐在可供十人用餐的大圓桌吃飯，中間還有隔板。雖然很難像以前一大群人笑鬧成一片，但能四個人一起吃飯，已經是當時疫情中的小確幸了。

過了三個禮拜，他們有事到台北來，問我們晚上有空嗎？這段期間其實大概都有空，所以我們又相約吃飯。

這兩次和同一對夫婦吃飯，都是臨時起意，因為在這個隨時有可能再次隔離的時代，一定要把握住每次能相聚的機會。

回家之後，我也臨時起意，約了大學同學夫婦隔天去爬圓山步道。他們正好也有空，所以又迎來一次朋友的山林之聚。

## ○不要再有任何目標，以免徒留遺憾

疫情期間，人命非常脆弱。怎知擦身而過的行人、乘客沒有確診？打疫苗會不會有致命的副作用？這些都可能讓我們隨時面對死亡，所以走過疫情，我有了新的體悟，那就是——不要再有任何目標了。因為可能來不及達成，反而徒留遺憾。

二〇二一年時，我又把所寫的劇本送去參加「優良電影劇本獎」，然後再次槓龜。但我居然完全沒有前一次那麼失落，想說無須再把劇本入圍當目標，反而自在逍遙了。

我想這是疫情改變了我。以前我和其他勵志作家一樣，都鼓勵大家即使到了第三人生，也該訂下目標來努力。前一陣子，受邀上風潮音樂創辦人楊錦聰的直播節目，他問我還有什麼目標呢？我脫口而出：「完全沒有。」他聽完狂笑不已，想說怎麼會有人如此老實？我回他：「沒有目標，就海闊天空了。」

## 每天過日子，都要「隨緣」過

以前只是拿「人生短短幾個秋」來警惕自己要把握當下，走過疫情後，可能要做好「人生短短就幾天」的心理準備。不過也別給自己壓力，把「每一天當作最後一天」來過，這樣肯定很焦慮。

很多人會說，此時該努力「活在當下」，甚至更該「及時行樂」，但這兩項難道不也是一種目標？如果當下真的無所事事，也一時找不到可行的樂，又會更失落了。

我認為第三人生要的是「隨緣」，不要期待每天都過得意義非凡、精彩無比，只要緣分具足，小確幸就會發生。

## 2-6 與好友共老，成就最圓滿的第三人生

Covid-19疫情最嚴峻之際，我很怕突然宣布大台北地區封城。萬一真的發生，會對我父母的生活造成嚴重影響。所以我決定將他們送到母親在中部的娘家。

大舅在老家蓋了一間透天厝，其中一層樓屬於我的二舅，但他也住台北，不常回去。我跟他商量，可否暫時送父母過去住。他不只一口答應，還和舅媽一起回去。結果，四個老人家同住，每天生活在一起，相互為伴，非常開心，真是我始料未及的事。

如果疫情沒有爆發，他們姊弟一年難得見面幾次，現在卻拜疫情之「賜」，居然能夠讓他們重溫手足之情。真的是應了那句成語「塞翁失馬，焉知非福」。

回頭想想自己，以後我老了，子女都各自成家，只剩下老夫老妻共度「空巢

期」，屆時也能有這個機會，與同齡的老朋友常常見面，甚至住在一起嗎？

這個「共老」的想法，在很多媒體上都有討論，甚至有些人已經開始規畫或實踐了，其中包括我的一群好朋友。他們多年前集資在南部某大都市買了一塊地，就想蓋幢大樓，讓大家老了可以住在一起。

## ◯合建立意良善，仍須考慮繼承問題

他們的初步構想就是把一樓當作交誼廳，隨時可以泡茶、喝咖啡聊天，然後散會後，直接上樓回到各自的家中。

這樣做，也可以完全照大家的想法，蓋出自己最滿意的房子。這些好朋友已經認識超過三十年，能夠這樣一起共老，人生真的夫復何求。不過，目前大家都還在工作，所以仍未付諸實現。

他們曾問我要不要加入這個計畫？或許是因為我天生不夠浪漫，只想到現實層面，所以就婉拒了。

現實的問題並非是錢不夠，而是擔心這些好朋友如果去世之後，他們的子女可能會把產權賣掉，然後讓不認識的人住進來，破壞了原先的美意。此外，每層並非只有一戶，採光總有好壞之別，屆時分配肯定有人會不滿意，反而可能傷及友誼。

## 找幢樓各買一戶，更能成就「共老」

我認為共老最好的方法，是找一幢大樓，大家各買其中的一戶，還是可以很方便到處串門子，只是沒有專屬的交誼廳罷了。不過，要所有好朋友都喜歡同一幢大樓、當下有足夠的數量、價格還要一樣，看來也不是一件容易的事。

前不久，我和另一群好朋友去中部住民宿，那裡的設計構想非常接近「共老」的精神。這間位於深山的民宿，總共有五間獨立的兩層樓木屋，每一間的產權都各自屬於合建的五個好朋友，然後委託其中一人住在那裡經營民宿，多少靠此增加一些收入。

他們不是住在同一幢大樓，土地所有權也獨立，未來遺產繼承相對單純。不過，問題還是出現了。其中一人因為經濟問題，已經把他的小木屋賣掉了，當下就對民宿的經營造成困擾。而且一個陌生人搬進來，肯定會降低其他四個人未來共老的意願。

二〇二一年三月底，曾受邀到一位好朋友在中部鄉下的小木屋度假。他雖然才四十歲，離第三人生還很遠，卻有個建立聚落的想法，而且以「村長」自居。

## ○入住世外桃源，醫療照護不能少

小木屋附近有大片的土地都是屬於他的，所以他可以廣邀認識的各方俊傑來成為村民。土地產權獨立，房屋自地自建，當然可依個人喜好來蓋，又有大片綠地可供休憩，登山步道也近在咫尺，完全符合「世外桃源」的想像。這才是我認為「共老」的最佳環境，而且我真的一度慎重考慮要加入。

缺點當然還是存在。一則未來入住的村民，不一定是我本來就認識的好朋友，需要磨合的時間；二來離最近的醫院有十五分鐘車程，對於老來必然發生的醫療照顧，恐怕不符需求。

老來如果能有好友為伴，而且還能互相照顧，真的會是一件非常美好的事情。好友不必多，如果只有三、四位，實現共老的機會相對容易。

## 2-7 樂活之外，是不是還能做些更有意義的事？

很多人認為「樂活」就是第三人生該追求的目標，因為多數人連這一點都很難做到。如果你已經做到樂活，還能做一些對文化、對地球更有意義的事，不是更好嗎？如果你做的事很有意義，那就比樂活的境界更高。

二〇二二年，我有幸參觀了三個地方，發現這些主事者即使超過了六十歲，本該輕鬆度日、享受人生，卻依然擁有令人尊敬的使命感。

### ○花退休金辦文史館，老礦工用生命說故事

曾和一群朋友去了趟猴硐。大家現在去猴硐都是去看貓，朋友卻把我們帶到猴硐車站另一邊的「猴硐礦工文史館」。

這是由一群老礦工用自己的退休金成立，然後用每個月領的老人年金來維

護日常開銷的地方。為的只是完整保留礦工當年的生活，希望世人不要忘記他們是用生命來成就台灣的經濟奇蹟。

館內不只展示當年他們使用的簡陋工具，更令人不忍卒睹的，是一張張忠實記錄他們在坑內艱苦工作的珍貴照片。這些都是館內最資深的員工周朝南先生當年用別人送他的傻瓜相機拍下來的。

日本也有類似的博物館，但只有畫出來的圖像，其震撼效果當然遠不如我們在館內看到的照片。

在館內看到的第一幅照片就讓人鼻酸。當年為了增加產量，沒辦法讓礦工站著工作，所以他們只能半躺著，在高度三十公分的地方挖煤。這樣的姿勢要維持八個鐘頭，連吃飯也無法起身。

但因為坑內悶熱，飯盒打開時食物早就臭酸。他們也不得不吃，甚至還要餵身旁爬過的老鼠，因為人鼠都是這麼卑微地活著。

## ○傻勁保留礦工文史，不樂活卻更具意義

礦坑的工作充滿危險性。他們每天入坑前都會抽菸，心情也非常沉重，因為不知道能否活著出來。一天工作結束出到礦坑外，他們也會抽菸，這時是慶幸自己又多活了一天。就算沒有碰到礦災，但他們長期在粉塵中工作，終其一生都受矽肺病折磨，甚至很多人久病厭世，選擇自殺結束生命。

館內解說的礦工都已經超過七十歲了，可能會面臨後繼無人的困境。他們非常老實，甚至不好意思跟遊客收費，只是默默地奉獻他們剩餘的歲月，希望留下史料，讓世人不要忘記這段台灣經濟史上被忽略的一群無名英雄。

他們的生活完全不「樂活」，但因為這種使命感與傻勁，而更具「意義」。

貓成為猴硐觀光的特色，其實是個美麗的誤會。當年礦坑關閉，導致礦工失業，他們以養貓來打發時間。結果現在成為網紅打卡的景點，卻讓這種辛酸完全失焦了。希望往後大家去猴硐，應該花點時間去參觀「猴硐礦工文史館」。

## ○種樹、復育生態，為地球留下瑰寶

同年四月，我受邀到一位好朋友的土地上，種下生平第一棵樹。這位朋友花了上千萬元，買了近千坪的地，不是要蓋自己的豪宅，也不是為了營利、拿來開民宿或露營區，只是希望讓好朋友能一起來種樹。

他本身就是大自然的愛好者，對環保更充滿使命感，所以希望以一己之力留下一片綠地。當天有非常多朋友共襄盛舉，其中一位還在群組有感而發，寫下這段令人動容的文字：「並排的樹如同我們站在一起，望向壯闊的大山大谷。」

一群朋友一起參與，是「個人樂活」；一起種樹的義舉，卻是為了「地球樂活」。

十天後，我又和一群朋友去參觀一處植物庇護站。因為經濟過度開發，導致很多可以保留生態樣貌的埤塘都遭到破壞，裡面的植物就面臨了絕種的命運。

這裡的主人為了搶救這些台灣原生水生植物，慨然捐出自己家族的梯田，作為它們的復育之地。他當天為我們上了一門非常珍貴的植物學，讓我們發現路邊不起眼的小花小草，其實都可能是大自然的瑰寶。

這裡的狀況和「猴硐礦工文史館」一樣，也面臨後繼無人的窘境。主人說，他未來的心願是「關閉它」。一來是因為年紀已老，二來如果所有植物都能好好地生長在地球上，也就無須再費心復育了。

謹以本文，向這些在第三人生仍勇於承擔的人致敬。

## 2-8
# 科技帶來方便，也帶來恐慌

二〇二二年的二二八連假三天，台北終於迎來難得的陽光，趕緊出門透透氣，便決定下午到平易近人的貓空樟樹步道走走。

假日車多，停車想必困難，所以決定搭捷運到動物園站，再轉乘貓空纜車上山。沒想到排隊要搭貓纜的人龍幾乎看不到盡頭，恐怕等到天黑都上不了纜車。立刻變更計畫，改搭計程車上山吧！

### 隨手攔車的時代已不復返

往貓空的方向在對面，所以我們就先穿越馬路到對向。攔了好久，在面前經過的計程車不是有載客，就是向我們揮揮手，表示已經被他人預訂了。兒子看攔不到，只好用APP叫車。因為必須輸入地址，只好又穿越馬路，回到貓纜站前面。

所叫的計程車終於穿過壅塞車陣，讓我們上了車。往前開了好遠，才能迴轉來到貓空順向的路線。雖然折騰了很多時間，但總算有人願意載我們。

這種在街上攔計程車攔不到的經驗，已經越來越常發生了。

如果我還在職場，或許對APP叫車早就上手；但退休後時間較充裕，也就沒有使用APP的強烈動機。每次叫不到車，就發誓一定要跟年輕子女請教，但後來又不了了之。相較之下，學會在餐廳掃QR Code，然後在手機上點餐的迫切性，可能更勝叫計程車。

其實我早已下載叫計程車的APP，但從未使用過。臨到需要關頭，才知道隨手叫車的時代，看來已經一去不復返。

## ◯點餐、領藥、看電影，全靠APP搞定

我也不是完全的「摩登原始人」，當然也有經常使用的APP，其中最嫻熟

的就是點餐的外送平台。

因為父母都年事已高，外出用餐常有跌倒的風險，目前也未請外勞幫忙，所以我經常要透過外送平台幫他們點餐。打開APP還可以看到外送人員行經的路線，所以快抵達時，我會打電話給他們，讓他們能及時下樓去取餐。

其次就是每個月幫父母去領慢性藥，也是先透過醫院的APP來預約，這樣就不必花很多時間去醫院排隊領藥。或是加入住家附近藥局的LINE群組，用手機拍下藥單，待他們通知後再去取藥，也非常方便。

再來就是使用線上影音串流平台Netflix的APP，下載後就把電影或劇集投影到電視螢幕上欣賞。疫情期間被迫宅在家之後，就開始習慣這種觀影模式。未來可能真的因為不用再舟車勞頓去電影院看電影，而徹底改變了生活型態。

## ○疫情改變日常，科技應用更普遍

也幸好拜科技之賜，就算因為控制疫情而被迫隔離，或是學校停課、居家上班，都因為視訊軟體的協助，讓生活的不便性降到最低。

雖然我很不喜歡面對電腦螢幕進行線上演講，因為那樣缺乏和現場聽眾的互動，但也必須強迫自己逐漸習慣這種演講的方式。不過，因為擔心家裡的電腦或網路連線臨場出狀況，我還是要求到邀請單位的辦公室進行線上演講。

二〇二一年中，政府規定疫情期間進入任何公共場所，都必須掃QR Code，然後上傳到一九二二平台。年邁雙親因為沒有手機，所以每次都必須用筆填寫資料，也讓老人家平添很多的麻煩。

我有一位作家好朋友，一向自詡沒有手機照樣能處理所有事情，後來因為上述情況，也不得不買了支手機，否則越來越有寸步難行的困窘。

## ○數位生活便利，斷網斷電更恐慌

現在的日常生活，已經極度仰賴手機和網路。雖然科技為生活帶來極大的便利性，但手機當機、突然沒電或收不到訊號，同樣也會造成生活上極大的恐慌。

例如現代人一般都把通訊錄和行事曆記在手機裡，一旦遺失或當機，這些資料全部消失就非常麻煩。儘管現在已經有雲端技術可以解決，我還是習慣多留一份紙本紀錄以備萬一，才能順利聯絡事情。

儘管如此，不能熟練運用科技，肯定將帶來更多日常生活上的恐慌。

進入第三人生階段，雖然沒有因工作而必須學習新科技的迫切性，而且就算認為以往的生活方式比較讓人放心，但科技潮流勢不可擋，所以千萬不要抱著鴕鳥心態，拒絕接受新事物。

# 03
CHAPTER

# 探索 ING

心靈成長，處處有新意

「勇敢」，是關乎第三人生能否過得精采的關鍵字。

退休進入第三人生，很多人因為沒有生存的壓力，就開始畏縮，早早放棄了追求有趣的生活，然後無所事事，日復一日。

什麼是「勇敢」？我認為有兩個層面，

一是「不要怕做不到」，二是「不要怕被拒絕」。

# 3-1 沒有新朋友，哪有新體驗？

在疫情嚴重影響大家出國旅行後，我赫然領悟到「交新朋友」和「旅行」對人生都能帶來同樣全新的體驗，而且完全不受到金錢、時間的限制，可以隨時隨地發生。甚至「旅行」總會成為「過去完成式」，「交新朋友」卻永遠都是「現在進行式」。

結交新朋友，就有可能因為他們的帶領，讓你的第三人生仍舊充滿新奇、驚喜的「第一次」。新朋友不會憑空而降，也不會自動到你家裡報到，所以要有結交的機會，你必須走出家門。

我在第三人生結交到的最大一群新朋友，就是荒野保護協會的元老級志工們，代表人物當然就是該協會現任榮譽理事長李偉文。不過，我和他們的緣分是從另一個當年的核心幹部Tony開始的。

## ◯ 完全陌生的聚會你會去嗎？

二〇一三年底，我的一位高中同學因為曾和Tony是外商銀行的同事，知道我熱愛電影，就邀我去他家參加每個月一次的「荒野電影社」活動。參加該活動的人，多半都是荒野保護協會的重要成員。

許多人進入第三人生後，很容易選擇一直待在「舒適圈」裡，而男性又比女性更嚴重。最舒適的地方當然就是家裡，因此不愛出門；而最舒適的環境，就是和老朋友在一起。

如果有人邀你去參加一個完全陌生的聚會，你會去嗎？

我如果當天沒去，後來的人生不會如此精采。在場的「夥伴」或許陌生，但好在「電影」是我熟悉的話題，所以能很自在地參與大家映後的討論，留給他們深刻的印象。參加一、兩次後，Tony邀我去放電影並主持映後討論，我才算是開始真正融入這個大家庭。

## ○熟年朋友的旅行知性又神奇

漸漸熟識之後，他們開始邀我參加每個月一次的郊山健行活動，還曾一起去紐西蘭旅行。甚至一起到克羅埃西亞，為包括我們在內的四對夫婦慶祝結婚三十周年。

跟他們在一起，幾乎不曾只是聚餐閒聊，因為他們都希望讓每一次的活動都充滿知識性。不論是當地的文史探訪，抑或是大自然的神奇探索都是活動主題。有時是由自己人解說，有時則邀請當地專家導覽。

這種旅行方式對我來說，當然都是印象深刻的「第一次」。如果沒有他們，我大概不會在第三人生，還能在很自然的情形下，吸收這麼多有趣的新知。

緣分就是這麼奇妙的事。

有次在參加電影社活動時，看到一半突然出神，想說自己年少曾經想念電影系，為什麼不能現在去完成呢？這個念頭開啟了我後來在台藝大電影系碩士在職專班念書的三年求學生活。重回校園，已經是三十五年後的事了，一切對我來說都很新奇，應該也算是「第一次」吧？

## 太多「第一次」是交朋友得來的

台藝大班上的七個同學，當然也是我結交到的新朋友。在學習過程中，或是課後活動裡，我真的有太多太多的「第一次」。

我第一次完成一部長片的劇本，還曾報名參加國家優良電影劇本獎的甄選。雖未得獎，但真的是一次非常美好的經驗，或許我還會再接再勵寫第二本。

我第一次擔任同學畢製電影裡的臨時演員，後來在大銀幕上真的有看到我喔！我也第一次上舞台表演給板橋榮家的老榮民看。求學過程中最虛榮的事，就是我第一次和初代「第一名模」周丹薇一起上課！

課餘時間，第一次讓同學用重機載我，馳騁於台北市內的好幾座高橋上；還曾經第一次參加同學充滿青春氣息的庭園式婚禮，甚至被誤會是同學的爸爸！

如果不是我走出家門去向出版社爭取為我出書，我不會有第一本書，也就不會有第一次上廣播、電視、網路直播、Podcast、Clubhouse的經驗，更不會有第一次的公開演講、座談，甚至還能在電視上演講！

## ○交朋友能注入新的人生養分

近年我結交到最多的朋友，都是因為寫書而認識的許多出版界、藝文界朋友。光是能認識這麼多大名鼎鼎、受人崇拜的大作家，都能把初次見面當作是彌足珍貴的第一次了，甚至還有機會和其中一些人同遊古巴、同住鄉間，或是有機會同台對談。對我而言，都是無比的榮幸。

每位新朋友不只能帶來新的生活體驗，也能注入新的人生養分，特別是能為第三人生增加更多的精采度。

走出家門，結交「一群」新朋友吧！

## 3-2 勇敢追求每個第一次

有次我在演講「打造樂活的第三人生」時，問台下的聽眾：「如果有人找你去表演舞獅，有誰會答應嗎？」台下一片鴉雀無聲，顯然沒有人願意去嘗試看看。

我為什麼會這麼問？因為二〇二三年十月，我接到大學同學的電話，他劈頭就問我：「台大四〇重聚時，你想不想來表演舞獅？我們欠一頭獅尾。」

二〇二三年是我從台大畢業的四十周年。十年前，我們辦了台大三〇重聚。當時我只是一個坐在台下吃菜喝酒的校友。當年舞台上也有表演嗎？我完全不記得了，因為就算有，我也在和同學敬酒、拍照，根本沒有看台上的表演。

如果台下的人根本沒興趣看，我表演舞獅又有什麼意義呢？不過，這個負面想法只在我腦海出現一秒鐘，我就在電話這頭爽快地答應了。

沒人看，其實更好。一來我就自己在台上嗨就好了，二來也不必太認真表演。答應表演舞獅，也是符合我一貫的主張：「在第三人生，有越多的第一次，生活就越精采有趣。」

不過我擔心練習時間正巧碰到我已安排演講，所以特別問說，如果我沒時間練習，可以當天直接上場表演嗎？

同學說沒問題，反正屆時在台上比劃比劃就行了。結果前兩次練習，我真的沒辦法參加，直到四〇重聚前一星期，表演的同學要做最後一次排練，我才有空去做了唯一的一次練習。

## ○勇敢接受「第一次」挑戰，但絕不危害自己

我這頭獅子的獅頭是由同屆法律系畢業的莊律師擔任，他還借到一個有百年歷史的獅頭。看到獅頭沉甸甸的重量，我還暗自慶幸不必舉得這麼累，沒想到一拿起獅身，我就暗喊糟了，因為我必須一直半蹲著表演。原來獅頭是手

累，獅尾是腿累。

終於了解為什麼同學要我來擔任獅尾的表演。因為我常常在臉書上高調分享自己做重訓，他想我應該沒問題。不過，也慶幸好幾年做重訓累積的成果，讓我還勉強具備獅尾需要的下盤功夫。

好在做了事先排練，才知道還有一個要克服的難題。因為畢竟獅頭並不是專業的表演者，他也不知道該怎麼走台步，所以很即興地跟著音樂左搖右晃，腳步時而向東、又時而向西，我只好亦步亦趨跟著他，至少不要方向相反。

獅頭跟我說，他往上跳的時候，希望我也跟著他跳，我說YES。但他後來又建議，要不要來個獅子四腳朝天？我這時堅決說NO。萬一有個閃失，可是會受傷的。我答應這項表演時，給自己設下一個目標，那就是「絕對不能受傷」。

勇敢接受任何「第一次」的挑戰，但絕不該勉強自己做一些辦不到，甚至是會危害自己的事。

## ○第三人生追求「參與」，當自己人生的主角

有了這一次的排練，對於一個星期後的正式登台，心中當然是多了一份篤定。當天晚宴是六點半開始，我們這些表演的同學則必須提早在三點半就要到會場集合，做演出前最後的彩排。

當晚民歌組曲的表演結束，合唱團開始唱《廟會》這首歌曲後，就輪到我們這群民俗表演者上場。先是九人的舞龍登場，當他們退到舞台的台階上，就輪我們三頭獅子來個「祥獅獻瑞」。

努力跟上獅頭的腳步和方向、努力一直維持重訓深蹲的步伐，也努力不要腳底打滑摔倒。好不容易撐到舞獅結束，讓跑旱船、老背少、電音三太子來到台前表演，我們就算功成身退了。

沒想到的狀況發生了！我們退到舞台的台階時，獅頭站在最下面一階，我站在他上面一階，這不就意謂我要蹲得更低嗎？反正不用再走來走去，我索性

就半跪著，不然真的有苦頭吃。

所有表演都結束時，大夥兒全部集合在主持人眭澔平的身邊，大喊「四〇重聚，我愛台大」來完成ending。這時雖聽著台下如雷掌聲，但心想大家真的有仔細地欣賞嗎？

事後看錄影畫面，發現我們都只是表演的一顆小螺絲釘，只是要烘托出晚宴歡樂的氣氛。或許台下的校友不能體會我們的辛苦，自己卻留下比他們更多的回憶。

第三人生該追求的是「參與」，而不是「收穫」，因為雖然我們都是台上的配角，卻都是自己心中的主角。

## 3-3

# 只要勇敢，就有精采的第三人生

「勇敢」，是關乎第三人生能否過得精采的關鍵字。一般人仍在職場時，都是相對勇敢，不會輕言放棄，因為這樣才可能在競爭中生存下來。退休進入第三人生，很多人因為沒有生存的壓力，就開始畏縮，早早放棄了追求有趣的生活，然後無所事事，日復一日。

什麼是「勇敢」？我認為有兩個層面，一是「不要怕做不到」，二是「不要怕被拒絕」。

於是我接受了公視最受歡迎的益智節目《一字千金》春節特別節目邀請，決定勇敢接受離開校園後的第一次國語文能力挑戰，算是人生中很大的一個挑戰。

當製作單位來邀我時，我的第一個反應是「輸了會很丟臉吧？」繼而想到，這可能是財經作家少有的殊榮，為什麼要退縮呢？

## 機會上門就嘗試，別為「怕做不到」懊悔終生

我在一九七九年高中畢業時，和同學一起報名了當時最有名的益智節目《挑戰》。當時真是「初生之犢不畏虎」，想說輸了又怎樣？能去電視台錄影，可以開開眼界，那是多難得的經驗啊！當時我是兩位主答之一，我們一路過關斬將，連續衛冕到第七次才輸掉，完全出乎意料之外。

但現在為什麼會害怕？一來怕子女、親友看到我在電視上出醜，再則又怕毀了「樂活大叔」的形象。我相信很多人進入第三人生之後，就會很在意自己是否會丟臉，更會擔心以往在職場累積的聲望一夕歸零。

後來我決定接受邀請，是因為如果不去，就會失去一個未來可以讓我說嘴很多年的精采回憶。如果最後的分數真的很難看，我甚至想好了推託之詞：「財經作家強的是數字，又不是文字。」

不過，如果不是前一個月勇敢答應上台表演舞獅，帶來這麼有趣的回憶，

或許這一次的邀請，我就不會這麼爽快就答應了。

## ○別擔心壯士一去兮不復返，做就對了

錄影前一天，我去健身房，把手機放在跑步機上，想說邊跑邊看YouTube上的《一字千金》節目，預先了解比賽的過程。看了不到五分鐘，就發現題目好難，還差點從跑步機上摔下來。

錄影當天出門前，想說還有兩小時，決定拿子女高中時唸的成語字典來惡補一下，至少把每個成語念一遍。沒想到光目錄就有十六頁，念到第四頁，首字五畫都還沒念完，就得出門否則會遲到。闔上字典，點了根香，祈求菩薩保佑，別讓自己太丟臉就好。這時，終於知道什麼叫「臨時抱佛腳」了。

我有很多上財經節目的經驗，所以上電視對我來說，一點都不緊張，但這一回可完全不一樣。上財經節目，事先會給腳本，我當然可以提前準備。但這回是參加比賽，怎麼可能事先洩題？其次，財經節目的主持人和節目企畫都認

識我，所以一進梳化間氣氛就很熱絡，但這回幾乎沒人搭理我。

梳化間已經有兩位男士和三位女士等著梳化，我幾乎不認識，只知道有一位是知名主持人張月麗。然後知名營養專家譚敦慈走了進來，因為和她曾一起參加過幾次活動，算是點頭之交。因此看到她，算是讓我放寬心了一點。

再進來的這位男士就讓我緊張了。他就是知名作家苦苓，台大中文系畢業，文筆又好，我祈禱千萬別安排我和他一對一PK，否則我肯定一開始就被淘汰。後來才知道並不是兩兩對抗，而是男女團體賽。這時我覺得如釋重負，趕緊拜託苦苓：「一切就靠你了！」

正式開錄前，工作人員還要指導我們走位。音樂一下，我們就要一起向前，走到各自的定點，這時真有「壯士一去兮不復返」的感覺。我突然想不起來這一句前面的七個字是什麼？趕緊問隔壁的苦苓，他回答我：「風蕭蕭兮易水寒。」這時我真慶幸有這麼一個厲害的隊友。

## ○沒來比賽，沒想到我這麼厲害！

第一單元是「畫中有話」，總共三題，要猜出圖畫中的成語是什麼。主持人曾國城說，以往來賓只有三十秒的作答時間，但因為我們都是長者，所以特別體恤大家給四十秒，而且剩下二十秒時會給一些提示。

我們男士先上場，女士則坐在台下。第一單元這三題，我都在還沒提示前就寫出來，只有一個「嘯」字遲疑了一下，深怕寫錯了。我在第一單元全對之後，終於稍稍放下緊張的心情，而且我居然還贏了苦苓一題。

第二單元是「將錯糾錯」，要連答十二題經常寫錯的字或唸錯的音，過程中沒有時間思考，需要立刻作答。結束時曾國城說：「昇輝答對了十一題！」我沒想到自己這麼厲害，還在台上握拳給自己打氣。而且，沒想到我又贏了苦苓！

第三單元是「成語接龍」，都是四個字的成語，但每個字只露出部分字形，總共三題。每個人負責寫一個字，所以很可能大家猜的成語是不一樣的。我有兩題會答，只有一題用猜的，但居然也對了。

最後結算總共十八題，我對了十七題，而男士組以總分四十八分贏了女士組的四十一分。雖然沒有計算個人成績，但我應該是當天的第一名。

如果當初沒有勇敢答應上這個挑戰國語文程度的比賽，也不會迎來這麼開心而且得意的經驗。到了第三人生，放膽接受挑戰吧！這時，該追求的是「樂趣」，而不必在乎「名利」了。

以後如果還有任何機會上門，我應該都會勇於嘗試，不然事後一定會懊悔終生。大家真的「不要怕做不到」，只要不是有生命安危之虞，何不試試看呢？「做不到」是正常的，但如果「做到了」不又成就了另一個人生的新里程碑嗎？

## 抱持「無所損失」態度，一切海闊天空

別人邀你，你有權拒絕。換作是你，敢開口邀人家嗎？很多人害怕被拒絕，就連試都不敢試，關鍵就在面子拉不下來。

如果以前你在職場是擔任業務的工作，就絕對不會輕言放棄，因為你的態

度一定是「大不了被拒絕」、「不試試看，永遠不會成功」。進入第三人生之後，為什麼就不能秉持同樣的態度呢？即使被拒絕，你也沒有損失啊！

有個不熟的朋友曾在臉書上提到，他邀朋友到自己山上的小木屋住。我看完留言給他：「我也有榮幸去玩嗎？」他立刻回我：「非常歡迎。」

隔一個月，我真的帶家人上山去住了，甚至多年來總共住了四次。這件事後來對我的意義不是山上多好玩，而是我跟他成了真正的好朋友，然後透過他，又認識了很多朋友，讓我的朋友圈意外擴大很多。

我當然也被拒絕很多次。像我寫的書雖然大多以投資理財為主，但也企圖寫一些較有文學性的作品，曾三次提案給熟識的出版社總編輯，都立刻被回絕。「被拒絕」當然會難過，甚至多半都得到這個結果。但只要你告訴自己：Nothing to lose！即使被拒絕也沒損失！就無所謂也無所懼了。

第三人生，但求有更多精采的可能性，「做不到」或「被拒絕」又何妨？當你不再像在職場上有非贏不可的壓力時，一切就海闊天空了。

# 3-4 記一趟沒完成的霞喀羅古道之旅

我有群朋友非常愛在山林中健行，每月都會去走一條步道。這些朋友各個是健腳，只有我和太太是少數的例外。

第一次和他們去健行，是一起去紐西蘭。因為我們總共有二十個人，所以旅行社特地為我們設計專屬行程，主辦人就要求安排三條步道，每條都要走至少六個鐘頭以上。

我第一次參加健行的旅行團，裝備完全不合格，還在第二條步道快到終點時扭傷了腳。當時我還自嘲，在紐西蘭當然會「扭」到腳。幸好接下來兩天的行程無須走路，才能稍稍減緩傷勢，得到適當休息，接著勉強能走第三條。但因為怕耽誤大家腳程，我主動先說自己只走一半就會折返。

回國之後，並不是每次都參加他們的活動，有時單純只是擔心自己走不完。有次太太有事，只有我一人跟他們去走新竹的打牛崎步道。一開始，拉繩子攀爬五十公尺峭壁還一副神勇模樣，但接下來高低起伏的原始步道，就讓我吃足了苦頭，和前面朋友的距離也越拉越遠。老婆還私ＬＩＮＥ我說，怎麼沒在群組合照中看到我？我只好苦笑回：「我還沒走到啊！」

## ○老後不逞強，別為挑戰目標有負擔

那次深受打擊後，我決定要私下自主訓練，包括常常去走圓山、象山、內湖大溝溪。後來和子女去爬台北最高峰七星山，卻再度受挫。因為不久前才罹患帶狀疱疹，初癒後體力仍未恢復，走不到半小時就已體力不濟、臉色慘白。因為是跟家人一起，所以也無須逞強，便決定放棄，由老婆陪同下山，子女則繼續前行。

這是我人生中第一次放棄，連我自己都很訝異。

我以前一直是個訂了目標，就一定要努力達成的人，但年紀漸長，心態已有所不同。如果過程並不開心，甚至有可能造成身體不適而拖累別人，就該及早放棄。

二〇二二年七月去露營，本想順便去走慕名已久的霞喀羅古道，但營主說離露營地要開兩小時的車程才能到，建議我們去走比較近的北德拉曼山。我們傻傻上山，千辛萬苦爬到迴音谷時折回。但這次不是因為體力，而是因為開始下起大雨。

後來朋友才跟我們說，北德拉曼山是中級山，能走到迴音谷已經可以列入健腳等級。這件事大大地鼓勵了我，決定要再爬一次七星山雪恥。

隔月輕鬆上了七星山，便決定要挑戰更難的宜蘭抹茶山。我和老婆邀了朋友同行，前一晚先去礁溪住，儲備體力，隔天好整以暇去攻頂。

或許是自主訓練有成，加上充足的信心，居然不覺得太辛苦。完成抹茶山，下個目標是從台東走到屏東的阿塱壹古道，也不如預期中的困難。

## ◯第三人生「放棄」不可恥，樂在享受過程

二〇二二年十二月，有朋友邀走霞喀羅古道，我立馬答應。一般人走這條路線是從養老走到石鹿，有人會在中間的白石駐在所折返，有人則會在此露營一晚，隔天再走到石鹿。這位朋友的行程規畫卻是要挑戰一天從石鹿走到養老。

這條古道全程二十二公里，因為怕天黑都走不到養老，我們早上六點不到就從石鹿登山口啟程。清晨溫度低，還穿了厚重外套，走了一公里天色已亮、氣溫驟升，趕緊脫了外套放進背包，但負重就更辛苦了。

繼續前行是一路陡上，走到兩公里處時我真的不行了，怕其他八個朋友的行程被我耽擱，所以決定做出人生第二次的放棄。朋友事後說，我再走一公里就到最高點了，但我想還是不該冒險害人害己。

幸好載我們的小巴並未駛遠，我立刻打電話給司機，請他回來接我和老婆直接到養老。我跟朋友說，我們會再從養老出發，和他們會合後再一起走到終

點。

我和老婆真的信守承諾，又從養老走了四・五公里等他們。可惜這段路上沒看到美麗的楓紅，幸好幾處竹林仍很壯觀。

朋友全程走了二十二公里，我們「有始」、「有終」也走了十三公里。司機笑說，我和老婆可能是他聽過第一個這麼走的人。

「放棄」對處於第三人生的我來說，已經不再是件可恥、示弱的事。只要享受過程的美好，不要造成別人的負擔，其實就足夠了。有沒有完成目標，真的已經不重要了。

## 3-5

# 到了第三人生，一定要有被討厭的勇氣

曾有人留言說：「每次看到施昇輝那招牌笑臉，想到背後不知道有多少投資朋友用他的操作方式，得到悲慘成果因而哭喪著臉。」我真的沒想到，連真誠地笑也會讓人討厭，所以更不奢望被所有人喜歡了。

在求學的第一人生，或是就業的第二人生，我們總是希望得到父母、長輩、老師、同學、上司、部屬、同事、客戶，以及每一個認識的人的歡迎。然後我們因為害怕有人會討厭自己，努力配合大家的看法。到了退休的第三人生，真的不要再這麼焦慮了，接受自己會被某些人討厭，就是善待自己、勇於做自己。

近幾年來，我很喜歡大家稱我「樂活大叔」，因為我不斷透過書寫或演講，來分享我對人生的正向態度，也很開心我對這個社會還能有所貢獻。這麼做，怎麼可能有人會討厭我？但每個人看事情的角度都不一樣，所以會被討厭，是再自然不過的事了。

第一次被人直接表達憤怒，是在一次的新書分享會上。當天有位聽眾說，是因為我有錢才能如此樂活，但大多數人都還為生計操煩，我的言行只會讓人反感。我當場很受衝擊，連出版社的同仁也趕忙為我打圓場解圍。

## 出發點被誤解，難免會傷心

我很在乎這次被人討厭的經歷，從此警惕自己不要讓人感覺我在「炫耀」自己的幸福。這次的衝擊，甚至對我爾後的寫作也有很大的影響。我的出發點是希望「幫助」大家，而不是「刺激」大家；是希望大家都做得到，而不是要大家羨慕我。

被不認識的聽眾或讀者討厭，還不會太受傷，但被認識多年的同學討厭，就很難接受了。有位同學在ＬＩＮＥ群組上直接說我是「投機分子」，我難過了很久，心想怎麼會讓人有這麼大的誤會？其他同學還在群組裡為我打抱不平，但我反而不想辯解，也沒必要企圖挽回，想說就此絕交，從此不理不睬就好了。這是我第一次有了被討厭的勇氣。

臉書是考驗你是否被討厭的最好媒介。我不會因為要賣書，就跟所有人加臉友，而是只接受在現實人生中真正有過互動的人，因此目前好友數不過七百人左右。

我的貼文很少「開地球」，讓超過四萬個追蹤我的網友可以看到個人動態，所以每篇按讚數從未超過兩百個。有些朋友很捧場，幾乎每篇都按讚，有些則視內容而按讚，這些應該都不是討厭我的人。

## ○無須改變別人看法，只要做自己

不過，有時會發現某些朋友從不按我讚，但會去我們共同朋友的貼文處按讚。我相信這些人就算不討厭我，看來也不喜歡我。

我不想改變他們對我的看法，但至少我知道從此不必「熱臉貼冷屁股」而自討沒趣。過去的我可能會耿耿於懷，但現在的我早就可以雲淡風輕看待這件事了。

有人討厭我，我當然也有討厭的人。以前不知如何表達，現在直接刪除臉友，他就應該知道了。其實，這也不失為一個不必惡言相向的絕交表示。

臉書比較好處理，LINE群組就會讓人猶豫要不要退出。我曾參加一個因為一起旅遊而成立的群組，其中一人經常發表媚共的言論，我二話不說就退群；另一個旅遊群組，其中有人每天用他拍的照片洗版，當其他人紛紛退出後，我也不必眷戀而退群。

以上群組可以毅然決然退出，但有些群組還有很多好朋友，就算裡面有討厭我的人，也只好選擇留下。但大家互動時，多少有些尷尬。

## ○別在意少數人，因為多數人喜歡你

ＬＩＮＥ群組的成員因為沒有臉友多，所以同儕壓力更大。特別是有人生日時一定要出聲，否則就很沒禮貌，但這也考驗了每個人的人緣好壞。這時人情冷暖、被人討厭或喜歡，真的是一翻兩瞪眼。

回到本篇一開始的那句留言，我看了並不生氣，反而覺得好笑。我自己有經營粉絲專頁「樂活分享人生」，每篇文章的讚數少則數百，多則上千，所以應該不至於讓很多投資朋友哭喪著臉吧？這件事真是應驗了「文人相輕」這句成語。

被少數人討厭是很正常的事，但絕不會動搖我要透過文章或演講，來持續啟發和幫助更多人的心願。

# 3-6 退休後，要做有價值的「活歷史」

還在念台藝大電影系碩士在職專班時，有次老師要帶著全班同學去板橋榮家，為這些老榮民演舞台劇。當時我所有該修的學分在這場表演後，即可全部完成。

這堂課其實是戲劇系的課，課名是「創作性戲劇理論研究」。老師在學期初就告訴大家，期末要用一場舞台劇來驗收學習的成果，但真正能用來發想劇情與彩排的時間，只有兩堂課。

如果要讓全班十九位同學都上台演戲，恐怕一來排演時不易全員都到齊，二來每人分到的角色能發揮的空間也不大，所以我們建議老師分為兩組，並決定當晚總共演兩齣舞台劇給老榮民觀賞。

## ○反向思考如何讓長輩開心

為了怕男女同學比例不均，就按性別各自猜拳。猜贏的同學為一組，猜輸的就是另一組。我是後者，然後我們立刻成立了一個LINE群組，取名「輸的那邊」。看到群組名稱，大家都覺得尷尬好笑，所以決定劇名確定後要趕緊換掉。

在大家腦力激盪劇本的時候，最初一直圍繞著孤苦無依的老人生活作為劇情核心。突然有位同學說，他們已經夠可憐了，不該再演他們的人生故事，反而該把重點放在如何讓他們開心，所以他提議用才藝表演的方式來呈現。我聽到這個想法立刻附議，大家也認為這樣做，更能為他們平常枯燥的生活帶來一些歡樂。

我既不能歌又不能舞，所以立刻爭取當主持人，要耍嘴皮就好。另一位女同學建議用「紅白大對抗」來串聯，大家一致通過，由我做紅隊隊長，她做白隊隊長。接下來，就由其他八位同學提出他們能表演的才藝。

## ○各項經典表演都量身打造

第一個舉手的男同學是國劇科班出身，他說自己可以唱京劇《龍鳳呈祥》裡的老生。大家一聽，覺得實在是再適合不過的表演了，因為這些老榮民年輕時一定常常聽京劇。由他第一個出場表演，肯定可以得到很大的共鳴。

既然有人表演京劇，另一位男同學就說他可以來段「竹板快書」進行PK。大家心想，怎麼會這麼巧，我們這組居然就有兩個人會表演這種傳統戲曲？然後由兩人來對抗，甚至可以用「天作之合」來形容了。

好的開始，真的就是成功的一半。接下來，有同學說她會跳街舞，另一個說她會跳彩帶舞，那就來當第二組的對抗。這時，我對跳街舞的同學提出了一個疑問：「妳如果跳現在最流行的舞步，他們可能因為不熟悉而很難欣賞妳的表演。」她說：「對耶，那他們年輕時看的舞蹈是哪些呢？」

我建議她要跳的是金・凱利（Gene Kelly）在電影《萬花嬉春》（*Singin' in the Rain*）中的「雨中獨舞」，或是約翰・屈伏塔（John Travolta）的迪斯可。她立刻上YouTube找到這兩場舞蹈的影片，說她可以再加上麥可・傑克森（Michael Jackson）的「月球漫步」，成為一個組曲。

## ○當個被諮詢的活歷史真好

這時，所有同學都看著我，因為接下來的表演節目，可能都要面臨同樣的問題。

我突然發現自己成了電影《高年級實習生》（*The Intern*）中的男主角勞勃・狄尼洛（Robert De Niro），因為我在這場表演中，成了他們可以徵詢的活歷史。我們的表演必須讓老榮民看得興趣盎然，就一定要讓他們聽到或看到年輕時熟悉的音樂或影像。

第三組對抗是樂器。一是口琴，一是二胡。我特別建議拉二胡的女同學可以模仿當年戴著帽子自彈自唱的「金曲小姐」洪小喬，一定能勾起這些老榮民的美好回憶。

最後一組的對抗是歌唱，我建議當然要由鄧麗君來PK費玉清。同組同學覺得這樣的安排簡直太完美了，還說：「幸好我們有施爸，不然演完可能完全沒掌聲。」

最後，我們討論要用什麼音樂做為開場曲呢？我說當然是當年最紅的綜藝節目《群星會》的主題曲《群星頌》啦！這時，劇名就自然產生了，就叫《大觀群星會》（因為板橋榮家在大觀路上）。

這樣的節目安排在正式表演時，真的贏得全場如雷的掌聲。我和大家最後一起手牽手出來謝幕時，心情非常激動。不僅順利完成這次的表演，也圓滿結束我的學生生涯。

全家當天也有來看我表演，結束後還在舞台上合影，共同見證老爸真正的「畢業典禮」。

# 04
CHAPTER

# 親情 ING

凝聚家族情感，攜手打造心空間

一整天的行程都不在計畫中，一切都是隨遇而安。

每一個停留的地方都是再平凡不過，可能沒有一個旅遊達人會這麼規畫。

我把它寫出來，自己都覺得平淡到沒有任何高潮起伏跌宕，

根本不會讓讀者感到羨慕。

不過，我和老婆當天卻非常開心，

因為我們發現「平凡其實就是幸福」。

# 4-1 與阿公的跨世代隔空相遇

我的阿公在我父母結婚前就去世了，所以我從沒見過他。父親告訴我，阿公晚年沉迷宗教，甚至在家中開道場，還寫了一本大家都不了解的經書。這就是我之前對他最深刻，也是唯一的印象。

多年前，保安宮重新刊印了保生大帝的《大道真經》供人索閱。父親經常去拿，然後分送親友。我這才知道，這本保生大帝的自傳是由我阿公和另外四位當時仕紳所合著。後來父親還要我開車帶他去阿公晚年常參拜的宮廟，但只是車遊，沒有入內參拜。

父親也給了我一本《大道真經》，但我不只沒看，還隨意擱置。近日整理書房時，才在抽屜堆積的雜物下找到這本書。我後來拍下有阿公名字的那一頁，貼在臉書上，還特別指名要給好友陳耀昌醫師看，因為我記得他好像有一個關於保生大帝的寫作計畫。

陳醫師立刻留言，說他在那一頁看到了「降鸞（編按：也稱為扶鸞，是儒宗神教中凡人與神明溝通的方式之一）」兩字，非常著迷。我這才注意到那一頁描述阿公身分時，用了「鸞生」一詞。我趕快Google，赫然發現阿公原來是一個具備「特異功能」的人，霎時間完全翻轉了我對阿公「沉迷宗教」的成見。原來我阿公能用「扶鸞」的方式，接收保生大帝的旨意。

隔天，我就立刻再開車去阿公晚年常參拜的那兩間台北市大同區宮廟，一是「覺修宮」，一是「台疆樂善壇」。一查才知道，兩處都是台灣重要的「鸞堂」，主祀神明都是「恩主」。

這時人稱「財貴兄」，一位知識非常淵博的好朋友透過臉書私訊我，表達他也對「鸞堂」、「鸞生」、「扶鸞」有高度興趣，甚至還邀我一起去發源地宜蘭和頭城，參拜幾間重要鸞堂。這當中，也包括阿公曾住過的金瓜石「勸濟堂」。

為什麼我不直接問父親就好？一來他始終避談自己的父親，二來他已失智。其他跟阿公同世代的長輩都已往生，無人可問了。

## ○從阿公的過去，探詢台灣的鸞堂文化

現年已經六十好幾的孫子，和一個與家族毫無血緣關係的人，一起踏上了尋根之旅。財貴兄謝謝我，表示我給他機緣能好好研究鸞堂，我也向他說謝謝，因為他讓我開始慢慢了解我的阿公，希望能藉此拼湊出他生前的生活樣貌。

出發前，我當然要先做一點功課，財貴兄一路上也和我分享許多研究心得，甚至還在阿公那本幾乎無人能懂的經書《三教大道圓音太上玄微合篇》中找到了一些線索。

台灣鸞堂的起源地是「宜蘭新民堂」，創辦人李望洋是清末舉人，被分發到甘肅擔任知州。他在當地任用一位來自陝西的師爺，會用「飛鸞問事」。也就是能用鸞筆接收神的旨意，然後協助李望洋執政，讓他擁有極佳的政績。後來李望洋告老還鄉，把這套方法帶回台灣，並在一八九〇年成立了新民堂。

設立鸞堂，旨在承襲儒家的道統，所以其教派被稱為「儒宗神教」，以宣講、行善、興學為最主要志業。除此之外，也包括醫療服務。父親就曾說過阿公也會給人看病，只是並無執照。台灣第一位醫學博士杜聰明，也在「三芝智成堂」替人戒鴉片，嚴重影響當時殖民台灣的日本財政收入，遭到日本政府取締。

鸞堂主要祀奉以關聖帝君為首的「三恩主」，另兩位是孚佑帝君呂洞賓和司命真君灶君。有時也會增加為「五恩主」，但不同鸞堂會有不同的組合，較常見的是增加岳武穆王和豁落靈官王天君。

玉帝想要降災來懲罰人類道德淪喪，三恩主不忍人間遭劫，遂藉飛鸞代天宣化的方式來教化世人，所以鸞堂內多掛有「代天宣化」的橫匾。

## 踏上尋訪阿公的旅程

當天第一站即來到「宜蘭新民堂」，廟祝還特地拿出鸞筆來解釋扶鸞的過程。由「左鸞生」和「右鸞生」（或稱「正鸞生」和「副鸞生」）握住鸞筆兩柄，再由「唱鸞生」念出鸞筆在沙上所寫出的字，最後由「錄鸞生」恭錄在紙上。《大道真經》是由五位鸞生共同完成，但不知阿公擔任的是哪個角色？以他排名首位來看，或許是左鸞生。廟祝讓我握住鸞筆右柄，霎時間自己彷彿幻化，與阿公的身影重疊。據廟祝表示，如今扶鸞幾近失傳，只剩下覺修宮還有人具備這項能力。

不過新民堂所祭祀的神明並非其他鸞堂常見的五恩主，而是另外祭拜周朝時代的李恩主及其四個部將。其靈跡著於隴西，亦即甘肅西邊，又與李望洋任官處有關。據廟祝解釋，中國在文化大革命破四舊之後，已無鸞堂，更顯出台灣保留鸞堂文化的可貴。

第二站抵達「宜蘭碧霞宮」，主祀神明為岳武穆王。為什麼居然取了一個偏女性化的宮名？原來是取「碧血丹心望曉霞」之義，同時也避免讓當時殖民的日本政府將它和「尚武」聯想在一起。這種天地正氣的精神也是鸞堂的重要特色，卻成了日本政府的眼中釘。

鸞堂經常被日本政府鎮壓，最有名的是三芝智成堂和台南西來庵。前者是因為杜聰明博士在智成堂幫人戒鴉片，影響日本政府收入；後者則是余清芳在西來庵起義抗日。

我阿公有一樣的風骨，他在「皇民化運動」中，也曾帶領全家拒絕改名。

## 與阿公奇妙隔空相遇

第三站是「頭城喚醒堂」。有一派說法認為喚醒堂才是鸞堂的發源地，可能是因為創辦人都是當地有錢的商人，利用商業網路與宗教結合，帶領鸞堂信仰走出宜蘭，然後傳播到全台。喚醒堂傳到淡水行忠堂，後來再傳到台北覺修宮，然後再傳到如今最知名的鸞堂，也就是位於台北市民權東路上的「行天宮」。

就在我們要踏入喚醒堂時，我赫然發現門口立柱上有四個大字「醒世修真」。這裡居然有阿公的名字「世真」！似乎也可用「類飛鸞」來形容那個瞬間了。阿公等這一刻和孫子相見，居然等了六十多年。

在喚醒堂兩側的門口，右書「禮門」，左書「義路」。鸞堂當年就是當地的教育中心，所以有些鸞堂會仿效孔廟，設有禮門和義路，取《孟子．萬章下》中的內容：「夫義，路也；禮，門也。惟君子能由是路，出入是門也。」來期勉學生。

第四站是「金瓜石勸濟堂」。YouTube上有則關於該堂的影片，提到堂內有位鄭金木先生已高齡九十九歲，或許他年輕時曾和住在金瓜石的阿公有往來，可以給我第一手的觀察。

到達勸濟堂時，聽到鄭老先生去瑞芳打第四劑疫苗，想說真不湊巧，不知要等多久，沒想到他卻即刻現身了，難道是阿公在冥冥之中幫助我們嗎？鄭老先生除了有些耳背，智力、眼力、體力都非常好。可惜他看了我阿公的名字、照片、寫的書，他都完全沒有印象。

不過，財貴兄從我阿公寫的詩中也發現，他和勸濟堂的創辦人黃仁祥交情深厚，所以請鄭老先生再努力想想看，但最後還是無法如願。如果連他都不認識我阿公，現世大概也找不到其他人了。

鄭老先生看我們冒酷暑而來，特地請我們喝勸濟堂最有名的百草茶。當年附近礦工沒錢看病，就會來服用勸濟堂煉的百草丹，也確實有很多靈驗的神蹟在當地流傳。至今，勸濟堂還維持每年端午採草藥煉丹的傳統。會在當天擲筊決定由哪一位恩主帶隊，然後在神轎停下的地方採草，再依古法煉製。我阿公或許也喝過吧？

臨走前，我用阿公的名字捐了香油錢，也算是做孫子的一點點心意。這趟尋親之旅看來必須在此畫下句點，雖然結果不至於圓滿，但整個過程卻沒有遺憾。足矣！

（原文刊載於二〇二二年八月七日《聯合報》繽紛版）

# 4-2 平凡就是幸福的「說走就走」小旅行

退休之後，時間變得非常自由與彈性。能夠「說走就走」，成了此時最大的特權。不必做任何計畫，只要決定出遊的方向，然後開車出門，這樣就是一趟輕鬆自在的小旅行。

因為生病手術後須靜養，加上天氣酷熱，所以我和老婆經常宅在家追劇。二〇二四年八月，兩人決定重新啟動「說走就走」的生活模式，分別走了一趟濱海公路、一趟桃園大溪，以及一趟礁溪頭城。

以前也常這樣做，但很少寫成文章。因為與其他作家常分享的出國經驗、挑戰高山峻嶺的過程相比，實在不值一提。沒想到我把這三次小旅行分享在我的臉書粉絲專頁「愛輝筆記」上，卻得到非常大的回響。這時，我才發現寫文章不該只是讓人家羨慕，而是要鼓勵大家都可以輕鬆做到。

## ○老夫老妻小旅行，門檻超低

出國當然是件大事，但不是隨時都能成行。很多人尚且擔心退休後錢不夠用，怎麼可能常常國外旅遊？看到很多分享熟齡生活的作家走遍了世界各地，羨慕之餘，恐怕帶給讀者更大的挫折感。

爬山走步道牽涉個人體能，也不是人人都能做到。我曾受大學同學之邀，參加了他們退休同事所成立的「步道團」。我應該不算肉腳了，但他們每回出行，不在山上走個六、七小時不過癮。我覺得有必要這麼辛苦嗎？走了幾回，也就決定不再跟了。

不過，老夫老妻小旅行的門檻非常低，只要：

一、**夫妻感情不用太好，一般即可**。就算只有一個人也沒關係。

二、**一輛有導航系統的車**。其實搭大眾交通工具也可以。像我和太太常搭往基隆或宜蘭的台鐵區間車，沿途有很多小站，特別是那些曾經風光過的採礦小鎮。我們會隨機下車，閒晃一陣子、搭下一班車，再隨意找一個小鎮停留。有車當然更好，因為可以遮風避雨。

三、**帶濾掛式咖啡和甜點**。其實什麼零食和飲料都可以，自己愛吃、愛喝就好。旅途中需要休息，甚至在濱公路看海，就不用找咖啡廳，車上就能解決。

**四、有手機**。現在誰沒有手機呢？快學怎麼利用Google查飲食與住宿資訊。

**五、帶幾千元在身上零花**。也別忘了帶張提款卡，如果想找個地方住宿，就不愁身上錢不夠。

以上門檻夠低吧？應該每個人都做得到。

## 說走就走，更要隨遇而安

「說走就走」之外，還要有「隨遇而安」的心理準備。因為就算你沒計畫，旅途中卻可能會發生很多變化，不過常常樂趣也是這樣產生的。

去礁溪頭城的那一次，原定目的地是礁溪的林美石磐步道。因為早上十點才決定出門，來到礁溪已近中午，只好先吃飯再說。很多人說菜市場內才是當地人吃的美食，果不其然，我們在菜市場內找到一家創意料理，食材新鮮，分量又多。

吃飽出來，實在太熱，就用Google找了一家冰品名店，也吃得心曠神怡、心滿意足。Google絕對是出外最好的朋友。

終於決定上山了，沒想到山區大雨，步道居然也因整修而封閉，只好迴轉下山。計畫真的趕不上變化，不過既然來到礁溪，就去泡湯吧！而且因為是平日，隨到隨泡，好不愜意！

泡完溫泉，已到下午茶時間。本來該在步道終點享用，現在就改去頭城海邊看海吧！路過礁溪知名糕餅店，便買了一些上車。沒想到在外澳找了個免費的停車場後，又下起大雨。幸好是開車，就把前座往前推，然後打開帶來的露營用小餐桌，正好可以塞在車內前後座間。

打開濾掛式咖啡，配剛剛買的糕餅，看雨水打在車窗上，應該還算浪漫吧？可惜堤防擋住視線，不然還可以看到遠方的龜山島。待雨停，信步走上堤防，終於得見雨霧繚繞中的那頭烏龜。

這三趟小旅行的下午茶時間，我們其實都是在車上度過。所以去戶外用品店買張可以放在前後座之間的摺疊小桌子，看來非常有必要。

心滿意足後繼續前行。老婆建議在大溪漁港停留一下，或許可以在收市前買到一些便宜的海鮮。她果然是精打細算的高手，不只滿載而歸，還順便在港內美食街解決了晚餐。

一整天的行程都不在計畫中，一切都是隨遇而安。每一個停留的地方都是再平凡不過，可能沒有一個旅遊達人會這麼規畫。我把它寫出來，自己都覺得平淡到沒有任何高潮起伏跌宕，根本不會讓讀者感到羨慕。

不過，我和老婆當天卻非常開心，因為我們發現「平凡其實就是幸福」。

# 4-3 記一趟沒有事先規畫的旅行

二〇二二年十一月下旬，利用去台中演講的機會，順便和太太進行了一趟三天的小旅行。行前幾乎沒有任何規畫，甚至出現各式的意外。旅途中唯一確定是第一晚住宿的五星級飯店，是幾個月前就買好的優惠券，但期限只到十一月底，再不去住就要失效了。

雖然沒有確切規畫，但心中當然有幾處想去的景點，包括慕名已久但從未造訪的霧峰林家宮保第、高美濕地，以及去過而懷念不已的車埕。

我這幾年常去台中演講，和承辦人非常熟。演講前，我就請她幫我預約霧峰林家隔天的參觀行程。沒想到她上網一查，才發現從當天起的一周，都已被人包場辦活動，無法對外開放。

如此一來，隔天傍晚去高美濕地前就沒有任何行程，只好趕緊和太太研究還能去哪裡。這時現代科技真是幫了大忙，因為只要Google「高美濕地附近景點」，就有很多建議供選擇。最後決定在飯店盡情享用早餐後，不在外面吃中餐，把時間拿來逛周遭景點。

## ○旅行沒規畫，靠導航、網路隨遇而安

高美濕地位於清水，但附近景點的範圍則涵蓋到大肚，所以當然要去參觀最知名的追分車站。多年前，台南永康到保安的車票被塑造成「永保安康」的祝福語，後來又有新竹的「富貴榮華」，以及台中的「追分成功」，不過我們這趟倒是沒買車票來留念。

另一項改變生活的科技，就是汽車導航系統，讓我們出門在外，無須再為找路煩惱。離開追分車站，就設定前往「台中港區藝術中心」。透過網路分享的照片，顯示那裡有很多中式小橋流水、亭台樓閣，似乎滿有趣的。

前進途中，赫然看見「磺溪書院」的指示牌，看來不遠，便決定增加行程。

這裡原是供奉文昌帝君的文昌祠，後來才改成讓附近子弟求學的書院。院內有個破舊轎子，上書「連中三元」。原來就算考上狀元，衣錦還鄉時也不過就是坐這種轎子。

逛完台中港區藝術中心，再到對街的「清水眷村文化園區」參觀。查資料始知，這批眷舍興建於一九四九年，當時政府準備反攻大陸，房子蓋得極為簡陋。現在人去樓空，破瓦殘壁、滿目瘡痍，只能想像當年大家緊鄰而居的熱鬧景象。

時間接近三點，我們驅車前往有「世界最美夕陽」之稱的高美濕地。可惜老天不賞臉，雲層極厚，看來是不會有夕陽了。不過濕地開闊、海天一色，風景依舊絕美。走在木棧道上拍了幾張美照，也算不虛此行。

## 重遊蜜月日月潭，不趕行程更悠然

當晚決定住集集，心想隔天可以搭集集線小火車去車埕。上網挑了間評價極高的民宿，沒想到開車進庭院，才發現居然完全沒燈光。電洽才知道當晚沒有住客。既來之則安之，就住吧！和女主人閒聊，才知道集集到車埕的小火車早就停駛了，這是繼霧峰林家休園的第二個意外！

女主人用LINE傳了集集景點給我們，隔天按圖出發。逛了集集車站和停放戰機、運輸機、飛彈及坦克的「軍史公園」，以及完全不用一根釘子搭起來的「浙江泰順廊橋」。

正當我們還在惋惜廊橋維修之際，發現旁邊因九二一地震傾倒毀損的武昌宮，竟被完整保留下來，廟方還在原址前重建新廟。請路過帥哥幫我們拍照，沒想到被認出是「樂活大叔」，對方也自我介紹是集集觀光課長。我一口答應，願義務做集集觀光代言人。

搭不成小火車，就開車去車埕。發現店家增加很多，已不復當年清幽。匆匆用完中餐，決定趁還有時間走訪日月潭。少了陸客之後，日月潭安靜許多，拍照也不再需要排隊。

我們開車環湖，順勢上文武廟、玄奘寺俯瞰湖面。有時就在湖邊停車，隨意走走拍拍，還和太太沖濾掛式咖啡來喝。記得我們蜜月時曾到日月潭，後來也帶子女來過。如今已屆花甲，環湖心情更自在悠然。

沒有規畫，隨遇而安，只要老來有伴，處處皆是美景。

# 4-4 相信子女，讓他們放膽去飛

俗話說「兒孫自有兒孫福」，但要父母完全不再關心成年子女的生活，真的並不容易。我雖然不會過問他們的人生，但心裡不可能完全沒有任何牽掛。

我在子女們還在就讀國中和國小時，就失去了工作。

或許他們體諒父親的經濟狀況，所以沒有人提過要出國做交換學生，讓我省了很多錢。我也曾經直接斷了他們的期待：「我只負擔你們到大學畢業的學費，以後你們要念研究所或出國念書，請自己籌錢。如果未來要創業，我也不會出錢幫助你們。」

我的三個子女真的從來都沒有跟我提過以上需求。既然如此，他們以後要從事什麼工作，我哪有資格表達意見？

## 三個孩子，各自安好

大女兒上大學時，我曾經很熱心地幫她介紹打工，到我大學同學開的公司去工作。她後來跟我說，請不要再這麼做，因為一來很怕表現不好，丟了父親的臉；二來也不敢和老闆爭取任何權益，所以壓力很大。

有了這次經驗，我才了解到對子女過度關心，反而會成為一種過度的干預。

我有個兒子學音樂，後來以非主流的樂團表演為生活重心。我有位中學同學是流行音樂界的重量級人物，也認識一位大咖作詞人，曾想請他們拉拔兒子，但並不容易。

後來兒子也跟我說，會自己在業界建立人脈，無須我操心。

小女兒學商，畢業後進了國際級的大公司，後來轉行去做健身教練。

雖然難免錯愕，但我還是只能接受，然後私下默默祝福她一切順利。

## ○別在子女的人生下指導棋

不要給子女任何人生的建議。他們當然有可能在事業上受挫，但那是他們自己的選擇，不會怪罪父母。如果你幫子女安排好人生的道路，萬一事後並不如意，他們一定會怨你。

身處在這個快速變遷的時代，絕對不要再用以往的經驗來看這個世界，也絕對不要說：「我吃過的鹽巴，比你吃過的米還多。」這種態度造成許多父母很難放下「保護子女」的習慣，從來不認為子女夠成熟到可以處理任何事情。我還聽說有父母陪子女去面試，這樣孩子怎麼可能真正長大？

你要相信子女有能力處理他們所面對的問題。你如果一直不給他們機會去學習，小心他們最後都成為「啃老族」，然後拖垮你的人生下半場。

在ＡＩ取代很多人力的時代，父母不一定事事都比子女強、比子女懂。就以使用網路的能力來說，子女絕對遠遠勝過父母。有天我完全無法叫出筆電裡的檔案，沒有子女們的幫忙，我就只能認命。他們也幫太太設定了Line Pay Money，讓她與朋友出外活動時，能輕鬆地分攤費用。

二〇二四年九月底，我們全家去花東旅行三天，所有的火車票、租車、景點、三餐與住宿，統統靠他們用網路搞定。我只要負責付錢就好，樂得輕鬆。父親父親，就是「付清」帳款。

## 〇顧好自己，就是對子女最好的禮物

無論你的經濟狀況如何，最好別要求子女給孝親費。不要認為自己養育他們這麼多年，他們就該回報。他們身處低薪、高通膨、房價居高不下的時代，能養活自己已不容易，不要再給他們添加壓力。

好好照顧自己的身體、養成運動的好習慣，並注重飲食均衡營養，讓自己不要有嚴重的病痛，就不會有大額的醫療支出。這樣也是讓子女在打拚事業、累積財富時，不會受到父母的拖累。

很多父母太過於替子女著想，生前就想幫他們節省遺產稅。最常見的做法，就是生前把房子過戶給子女。或許你相信子女不會棄養你，但請絕對不要有這種十足的把握，因為媒體上有太多類似的報導。一來他們不一定如你想像，二來他們的另一半也會有不同的意見。

另一個常見的想法，就是希望留很多遺產給子女，甚至利用每年合法的贈與稅額度轉給子女，結果自己生活過得比退休前還清苦。我認為把子女教養長大、讓他們有獨立生活的能力，已經是仁至義盡。以往省吃儉用存下來的錢，當然該花在自己身上，讓退休後的自己能過得比較寬裕。留太多錢給他們，絕對會害了他們。

沒有人能做到「破產上天堂」，所以一定會留下遺產給子女。不過，小心這些可能的遺產在你生前就被子女敗光。若有遺產，重點不是能節多少遺產稅（或許子女根本無須繳納遺產稅），而是你在生前該如何做到公平分配。所謂「不患寡，而患不均」，預立遺囑且符合法令規定，才是對子女最好的做法。

# 4-5 子女喜宴該如何邀請親友？

二〇二四年一月，我的小女兒結婚了。

進入第三人生，當然非常開心看到子女結婚成家，不只給予他們夫妻倆滿滿的祝福，也想與眾親朋好友分享這個喜悅，但要邀請哪些人來參加喜宴，絕對是一件很傷腦筋的事情。

八年前大女兒結婚，是我們家的第一樁喜事。當時要擬賓客名單，也是煞費苦心。

上次的經驗當然可以作為這一次的參考——那就是別高估自己的人緣。你覺得自己和對方很熟，但對方可不這麼認為喔！例如當時常上的幾個廣播節目主持人或是以前的同事，前者認為我們還不到那個交情，後者已經不在乎以往的交情了。

## ○發喜帖，是門學問

上一次所有來過的賓客名單和他們包的禮金金額，我都有做紀錄保留下來。一來作為他們或子女結婚時回禮的參考，原則上金額至少會一樣；二來這次盡量不要再叨擾他們了。

高中、大學同學因為一直有保持聯絡，真的是情誼深厚，若不再邀，恐怕反而不妥。只是這次人數略為精簡，就剩下各一桌。

另外，我有一群在二〇一〇年去北海道旅行時認識的團員，一路玩到現在，當然也一定要再邀一次。

親戚的部分，因為父母都在兩年前往生，除了跟他們同輩的長輩仍須邀請之外，許多平常不太往來的表兄弟姊妹就不勉強他們了。

近十年來，我認識的最大一群朋友是荒野保護協會的早期志工，人數超過三十人。上次因為認識不久，所以只請了兩對夫婦，後來被很多人抱怨，反而有些得罪。這次就廣邀大家，一群人坐了兩桌。對於上次邀請的兩對夫婦，和住在中南部的朋友，我就只接受他們的祝福，但不勞他們舟車勞頓，不過還是有發私LINE分享喜訊。

現在年輕人流行用電子報名表單，比較不會發生該邀不邀，或不該邀卻邀的尷尬情形。不過我邀的都是年紀稍長的朋友，所以覺得還是親自邀請比較有禮貌。好在如今都有朋友的LINE，做法已經比以前簡單多了。在上頭寫段誠摯邀請的文字，再傳送電子喜帖就完成。

這時，你就可以看出對方是否真的開心接受。

有人已讀不回，有人編了一個很瞎的理由不來，但這也減少了被當面拒絕的難堪。不過，因為一開始就抱定「情願被拒絕，不要怕得罪」的心態，所以倒也看得很開。

只有一種情形會有點不悅，那就是以前參加過他或其子女的婚禮，這次卻被直接婉拒，連說「當天正巧有事」的善意謊言都沒有，就真的很難不傷心。

## ◯排座位，傷透腦筋

排座位也是一門很大的學問。我的原則是「一定不讓朋友落單」，所以同桌一定至少要有兩、三個他認識的人。如果發現擬邀請的對象在場沒有認識的朋友，我就會放棄邀請。我希望每位賓客不只是來吃喜酒，也達到跟其他朋友聯誼的目的。

邀請時，我也會告知同桌預計邀哪些人。當然也發生過有人表明不願跟誰同桌，就得另行安排。還有本來把某人安排坐A桌卻遲遲不明確答應，直到改坐B桌後就立刻欣然接受。如果是已分手的情侶就只能擇一邀請，免得同桌尷尬。

因為現在一桌都是十個人，所以每桌人數最好能確定，情願坐不滿也不要超過，避免有人被迫去和不認識的人坐一起。上次就發生朋友臨時帶其他家人來，讓大家很困擾的事。

我在喜宴前半年就送出邀請，但因為中間過了太久，很多人都因為當天又有了更重要的事，所以只好跟我說抱歉。特別是我這個年紀的人，多少都會有些突發的病痛或親人的變故，這當然都是不得已的。碰到這種情形，我會再邀請該桌其他人也認識的人來，但如果最後一個月才說不能來，就只好放棄邀請。因為再邀別人，就顯得有些失禮了。

也因為太久以前就發出邀請，所以到了喜宴前半個月，我會再個別提醒，並告知當天安排的桌次號碼。我會擬好一份制式的提醒文字，送出前依照發送對象更改桌次號碼。或是將「靜候『您』的大駕光臨」，「您」改成「賢伉儷」或「您全家人」。喜宴前一天，我也會再提醒一次正確的時間和地點，以免造成任何誤會。

請親友吃喜酒，一定要讓他們覺得很榮幸。不然至少也要讓他們吃得很開心，才是真正跟大家分享喜悅。

# 4-6 風雨之行，陽光之心

因疫情關係而中斷四年的家族小旅行，終於在山陀兒颱風來襲前出發了。一、兩個月前規畫行程時，當然不知道有颱風，因此這趟旅程也算是另類的「共伴效應」。

儘管風雨常相左右，但家人相聚的心情卻是非常陽光的。此行所有交通食宿都由子女規畫、預訂，我就只是扮演一個父親（付清）的角色。

擔心花蓮經常發生地震，可能隨時造成蘇花公路封閉，所以我們一開始就決定搭北迴線火車前往，再到當地用租車的方式行動。

我們全家從四個不同的地方到火車站集合，這時才知道兒子感冒了。他說自己很珍惜大家一起旅行的難得機會，所以一定要「捨命陪君子」。

## ○舊地重遊，也能有新體驗

來到花蓮站，晴空萬里，完全沒想到之後的天氣說變就變。出發前一天，其實就有了隨時要應變的心理準備，因為預約的「多羅滿賞鯨船」，已經通知我們因海象關係必須取消。子女上網查了很多替代景點，但我堅持要去從未去過的「遠雄海洋公園」。

小女兒和女婿雖然去過兩次了，也只好陪其他都沒去過的家人再度舊地重遊，充當我們的導遊了。

他們的第一個，也是事後認為非常正確的建議，就是園區的飲食CP值不高，最好在入園前先解決中餐。行車路過貨櫃屋改建的星巴克，女婿說他沒去過，我們就趕緊停車朝聖一次。

在園區不遠處吃完中餐後，將近中午才進入園區。

走入園內，看到很多海獅在逛大街，女兒、女婿也很興奮，因為之前來的時候，他們只能在海獅表演的劇場裡遠距離觀看，現在居然近在咫尺。

當然不免俗地要看美人魚表演和海獅搞笑，再去玩那些遊樂設施。本來可以搭纜車前往遊樂區，但因風勢太大停駛，只好一路爬坡往上走。園內遊客不多，所有設施都不必排隊，甚至讓我們直接玩兩次。老婆也搭了畢生第一次的雲霄飛車，但其實一點都不刺激。

我們幾乎在快閉園時才離開，火速趕去已訂好的晚餐餐廳。餐廳和當晚要住的民宿就在太平洋旁，浪濤拍岸的景象就在眼前，也慢慢感受到「山雨欲來風滿樓」的肅殺之氣。

當晚又被通知隔天在池上訂的晚餐被取消了，真的應了那句名言「計畫趕不上變化，變化趕不上一通電話」。

子女說後面還有一句話：「一通電話趕不上老闆一句話。」

## 旅行者的無常，卻是當地人的日常

本來預計是第三天清晨才要去池上騎腳踏車，看來只好改在第二天早一點到池上。告別美麗的海邊民宿後，先到長濱享用無菜單料理的午餐，再車遊嚮往已久的金剛大道。不過，我怎麼看都看不出金剛的樣子。

下午入住池上的民宿，這家真的就是透天厝改建的，不是那種經過精心設計，可以給網美打卡的民宿，所以價位相對親民。

可能是我們人品太好，老天爺給了大家一個鐘頭的好天氣，可以騎車悠遊伯朗大道，然後在金城武樹下合影。後來甫回民宿，就開始下暴雨。

晚餐既然被取消，天候又不佳，我就開車載兩名子女去外帶晚餐。等候超久，口味也一般，衷心建議大家爾後遇此情形，乾脆就去買池上便當。

隔日起床，果然不是出遊日，更不幸的是台鐵公告我們本來要搭回台北的火車只能開到花蓮，因為之後的鐵軌被土石流淹沒了。

這時才真正感受到花蓮人的無奈。趕緊改訂更晚的南迴線火車，但要超過七個小時才能返家，也只好接受了。

一波未平，一波又起。

近中午時又得知我們改訂的火車也取消了。不得已，只好改買中午出發，只剩站票，且只到新左營站的南迴線火車票，只好到時再接高鐵北返。

這些又訂票又退票的過程，都靠年輕子女一指搞定，看著大廳滿滿排隊人潮，實在慶幸我們可以運用科技來解決。提早還車，也便宜一點。

第三天預訂的中餐只好取消，要去看岳父的行程也只好作罷。子女笑稱第三天的行程只剩「帶兒子去診所看病」。

回程車廂外是波濤洶湧的大海，車廂中是滿滿的人潮，宛若一九四九年從中國來的逃難潮。所幸找到一個空位，讓我能跟還在病中的兒子輪流坐到新左營站。起身又坐下的情景，讓我想到了「父子騎驢」的故事。

回台北和長居花東的朋友聊起此行，他說：「你們碰到的無常，是我們花東人的日常。」想來辛酸。

因此在此呼籲大家常去花東旅遊，振興當地的經濟！

# 05 CHAPTER

# 健康 ING

## 越老越要動，
## 強健體魄才能享樂活

要開始有氧活動，總得循序漸進，
不宜一開始就挑戰高難度的健行，我決定從市區一些親民的步道練起。
我有三條慣走步道，搭捷運或公車都能抵達，
而且全程只要一至兩小時就能完成，
在此提供給大台北地區的朋友參考：
象山步道、圓山步道、內湖大溝溪步道

## 5-1

# 日行萬步是不夠的

我從小就是一個沒有運動習慣的人，可能跟我沒有任何擅長的球類運動有關，而且以往工作忙碌，也真的沒有時間運動。進入第三人生後，能自我運用的時間變多了，而且大家都說「活動」就是「要活，就要動」，這時當然再也沒有理由不運動了。

很多文章都說「每天走萬步」是第三人生最好的運動。看來很簡單，再不做就真的說不過去了。我也自我要求，持續走一、兩個小時，才算日行萬步，而不是每天只看手機紀錄有達到就滿足。

前幾年，我的小女兒轉職做健身教練，就一直鼓勵我進健身房做重訓。我依然不為所動，理由就是「我每天都走萬步，也有在運動啊！」

## 女兒苦口婆心，要我增肌慢老

她說：「老爸，這是不夠的。」後來我們的對話，被她寫進了她的書《珍珍教練的40⁺50⁺60⁺增肌慢老重訓課》：

**「爸爸，雖然你有日行萬步，但這不算是腿部的肌力訓練啦！」**

**「我已經有多走動了，這樣不算練到腿力嗎？」**

**「走路是一項非常好的活動，但它並不是肌力訓練，也無法取代肌力訓練。」**

肌力成長需要經歷「破壞」、「修復」、「成長」的三個階段。若要有效增長肌力，則一定要透過足夠的阻力，給予肌肉微破壞的效果，才能促使肌肉產生適應、變強的現象。

走路對於腿部的刺激並不大。久未活動的人走路，可能一開始會腿部肌肉痠痛，但身體很快就會適應此強度，接下來走路的強度便低到不足以再產生新的刺激。刺激不夠，就不會繼續激起「破壞—修復—成長」的正向成長循環。

如此一來，便無法敵過年齡增加所帶來的負向衰退速度。走路雖然是一項很好的活動，但並不足以帶來好的肌力成長效果，甚至連「維持」都會有點難度。

後來，我真的開始進健身房，跟著女兒做重訓。一開始只是為了改善我的五十肩，後來有了顯著效果後我仍持續重訓，就是認同女兒所說的「破壞」、「修復」、「成長」的說法。

## 適度的破壞，是強迫走出舒適圈

有次我在去健身房的路上，碰到住在附近的多年老友，他正在進行「日行萬步」的運動，我就把上述的理論轉述給他。可惜他聽不進去，還是認為走路就夠了。這次的交談，反而給了我健身之外的另種領悟。

進入第三人生的階段，很多人害怕生活改變，只做自己熟悉的事。有些人都和同一群朋友聚餐、爬山、出國；有些人在自己熟悉的環境中生活，整天待在家裡看書、追劇、聽音樂。

自以為過得充實，但如果不做一點突破，到頭來就會越來越沒有人生的樂趣，讓生活越來越像一攤死水。所以我認為大家應該也要做一些適度的「破壞」，也就是強迫自己「走出舒適圈」。

大家應該多多努力嘗試，讓自己在第三人生還能有很多的「第一次」，而不要老是活在過去的生活型態裡。

要大家直接走進一個全新的生活圈，絕大多數的人應該都做不到。但你可以透過接受朋友的邀請，去參加陌生的聚會，這是「走出舒適圈」最好的機會。

在陌生的聚會裡，不要只和邀你的朋友聊天，而要加入其他人的談話。或許從這些新鮮的話題中，就能找到新的興趣，進而開創你新的人生。

## 有新的刺激，才能擁有成長的喜悅

這種新的刺激，也許會「破壞」你原本平靜的生活，但在和新朋友的互動中，一定可以慢慢「修復」你的心情及生活節奏，最後才能在第三人生中享有「成長」的喜悅。

以我為例，在二〇一八年重回校園當學生，而且是去念雖然有興趣卻從未念過的電影，然後要和一群年輕人一起上課。這就是「走出舒適圈」，當然也就是一種「破壞」。經過兩、三年的求學生活，也就是經歷了「修復」的過程，最後當然就能成就人生的另一次「成長」。

此外，我透過朋友的邀請，去參加陌生的餐會或聚會，從而認識非常多新朋友，接觸很多新知識領域，都讓我在第三人生仍有讓人興奮的成長經驗。

不要再滿足於日行萬步（熟悉的生活）了，只有重訓（走出舒適圈），才能讓你有一個更健康、更有趣的第三人生。

# 5-2 帶狀疱疹感染記

二〇二二年，在健身房做了一組新的動作，沒想到隔天手臂開始酸痛，直覺認為是拉傷了。雖然不會痛到無法正常生活，但多少影響了睡眠。三天後和朋友去石門玩了一整天，不只常感疼痛，更覺疲累不堪。當下我開始有些懷疑，一年多來的重訓怎麼可能無法應付一天的健行？

酸痛的部位不斷改變，是我另一個懷疑之處。隔天，決定去看復健科醫生，他說拉傷的問題不嚴重，做做電療和熱敷就能改善。當場復健後卻完全沒有立即舒緩，這讓我更懷疑了。多年前曾陪母親做過類似的復健，知道至少會有極短期的效果才對。

再隔一天，我背部有點癢，一抓之下嚇壞了，怎麼有個隆起物？再看胸口，發現也出了好多疹子，太太說背部更多。不得了，趕緊去看皮膚科，才知道是得了帶狀疱疹，也就是俗稱的「皮蛇」。以前常聽老人家說皮蛇在腰部長滿一圈，人就沒命了。所以一聽到罹患此病時，真的有點被嚇到。

為什麼痠痛部位不斷改變？其實是因為病毒一直在到處攻擊我的神經。同時，它一定也影響到我的體力，才會造成我只玩一天居然也會這麼累，當然做電療和熱敷是毫無幫助啦！

## ○玩得太忙，也會導致免疫力下降

醫生說，在疹子未冒出來之前，帶狀疱疹常被誤診。我看復健科醫生時，跟他提到重訓之事，他當然合理推論是運動傷害。帶我做了幾個動作之後，看我不會疼痛，還說我傷勢不重，請我放心。

我之前對帶狀疱疹的粗略了解是，它雖然好發於中老年人，但多半是因為壓力大、太忙碌，導致免疫力下降而生病的。近幾年雖然比一般退休人士要忙，但我哪有什麼壓力？所以從來不認為帶狀疱疹會找上我，也就沒有去打疫苗。

得病之後，我重新檢討自己的生活，才想到「忙碌」不一定專指我現在的演講、通告等「工作」，而是也該包括「玩樂」在內。

在發病的前十天，我去苗栗獅潭玩了兩天一夜、到宜蘭礁溪旅遊三天兩夜，再加上之前提到的石門一日遊，還有特地當天來回台中聽詹宏志演講，中間還穿插一場演講、四個通告，真的是忙翻了！

皮膚科醫生聽完我的行程也是驚呼連連，表示這樣當然容易得帶狀疱疹啊！我特別問醫生：「隔天我還有兩場演講，還該去嗎？」他說：「你即時來看，就不必擔心了。因為你馬上就醫，沒有任何耽擱，所以只要按時吃藥、擦藥，很快就會痊癒。」

## 帶狀疱疹，恐讓身心都受創

一個星期後，患部的水泡已經乾燥、結痂並脫落，但仍時感疼痛。醫生說是因為神經細胞恢復比較慢，建議要吃三個月的$B_{12}$，每天一千微克，來協助神經修復。一般綜合複方維他命中的$B_{12}$含量不夠，所以必須特別去買純$B_{12}$來吃。在發病後的一個月，所有的疼痛才終於完全消失。

關於帶狀疱疹是否還會復發？痊癒後是否還要打疫苗？每位醫生的看法不盡相同，我非醫學專業，不宜在此表達個人看法。

我的好朋友李偉文醫師知道我生病後，立刻提供很多醫學相關知識給我，還警告我如果不及早治療，即使痊癒了也可能帶來長期的神經痛，甚至痛到失去存活的勇氣。這也是帶狀疱疹之所以成為除了憂鬱症之外，近年長者的第二高自殺原因。

看到他提供的資訊，趕緊叫太太去打疫苗。

她查了一下，發現一劑要好幾千元，有點捨不得打。這完全不該是第三人生該有的心態，這時候「值得花就該立刻花」。

## 花數千元降低風險，非常值得

以投資觀點來看，花幾千元打一劑是你的風險下限。如果為了省下這幾千元，結果年紀越大得到帶狀疱疹的症狀一定越嚴重，這下不只更疼痛，付出的醫藥費可能還會更龐大。

於是，我決定再換另一個觀點來說服太太（也說服各位讀者）。

在我治療帶狀疱疹期間，我們全家七個人不過去吃燒烤、喝點酒，就花掉超過四千元，而且醫生說我要避免吃部分海鮮類，也不能喝酒，所以我吃的不多，不然總金額可能接近五千元。

這些吃喝完畢，什麼都不會留下，但花同樣的錢打一針，卻可以讓你不受病痛之苦。

# 5-3 樂活大叔改善體脂肪的菜單大公開

我的重訓課健身房最近添購了一台設備，除了量體重，還可以做脂肪分析。站上那台機器、手握測量棒時，我的內心並不忐忑。因為近幾年抽血檢查，我的三高（血壓、血脂、血糖）都很標準，心想這次檢測應該也能順利達標。

沒想到機器列印出來的報告，教練越看眉頭越深鎖。她看完報告遞給我時，神情凝重地說：「我很少看到超標這麼多的報告。」

我這才驚覺大事不妙！總共八項檢測就有兩項略高於標準、五項嚴重超標，包括脂肪量、體脂肪百分比、腰臀比、內臟脂肪程度，以及內臟脂肪面積。

這些嚴重超標的項目，終於解了我心中多年的謎團：我的外型並不胖，但體重卻略為超標，原來是體內脂肪太多了！

## 戒甜食、澱粉，多運動不取巧

我問教練該怎麼辦？她說，一要戒甜食和減少攝取澱粉，二在肌力訓練外還要增加有氧運動，兩者看來都需要決心與毅力。

我酷愛的可樂、甜食、點心，看來是要做一些節制了。教練給我的有氧運動建議，則是從一周一次的爬山開始練起。

聽完之後，我還是想取巧：「可以靠吃藥來快速改善嗎？」

隔天便去掛了我的家醫科醫師好友門診，並把檢測結果拿給他看。他說看來就是要吃減肥藥，但不建議我吃，並表示他也認可教練的建議。

斷了取巧念頭後，還是乖乖聽教練的話吧！

## 記錄三餐，檢視均衡也訓練用腦

教練的第三個建議，就是要我盡可能寫下每天三餐吃的食物。

我好奇地問她：「這有什麼用？」

她說：「你寫一個星期後拿來給我看，就知道有沒有用了。」

這個看來沒啥具體成效的事，寫了幾天之後，我就懂教練的用意了。

首先，若沒馬上寫下來，過了兩天就很難回想，原來也是在訓練用腦。其次，我發現原來自己外食機會這麼多，當然不健康。如果是在家裡吃太太煮的食物，寫下後就看得出來很多元，而且各種營養均衡，但外食真的很難做到。

教練看完之後，說我在外吃的炒飯最不好，因為澱粉量太多、油也太多，而且蔬菜、蛋白質太少。

把每天吃的食物寫下來，還有一個最大的好處，就是我再也不敢喝可樂和吃甜食了，因為哪裡敢跟教練說我還在碰這些食物呢！

## ○走市區步道，有氧運動循序漸進

這些年來，因為認識許多荒野保護協會酷愛大自然的朋友，幾乎每個月都會和他們去健行一次，所以爬山對我來說並非太困難的事。不過每次健行總要花幾個鐘頭，雖然從不感覺肌肉痠痛，我卻總是氣喘吁吁。現在，終於知道原因出在哪裡了！

要開始有氧活動，總得循序漸進，不宜一開始就挑戰高難度的健行，我決定從市區一些親民的步道練起。我有三條慣走步道，搭捷運或公車都能抵達，而且全程只要一至兩小時就能完成，在此提供給大台北地區的朋友參考：

一、**象山步道**：搭公車到永春高中站，從附近的永春崗公園往上爬。由此上山坡度較緩，不像從象山捷運站往上爬那麼吃力。

二、**圓山步道**：搭捷運在劍潭站下車，穿越中山北路即達登山口。建議勿從知名地標「福正宮」左邊石階直攻，最好從它右邊的劍潭公園蜿蜒而上，比較輕鬆。走到終點「老地方」，還可以欣賞松山機場的飛機起降。

三、**內湖大溝溪步道**：搭捷運在大湖公園站下車，穿過社區抵達登山口。

如果只走到圓覺瀑布，達不到有氧運動效果，建議走到圓覺寺再下山。回到產業道路後，可以搭公車回到內湖鬧區。

或許哪一天，你走在以上步道時會巧遇樂活大叔喔！

# 5-4 急診驚魂記

二〇二四年，我動了一次攝護腺手術，讓我有兩件深刻體會的事。一是要開始面對隨時發生的身體警訊，二是夫妻能老來相伴是多麼重要。

母親節前一天，和很多好朋友上山露營。大家開心喝茶聊天之際，我卻隱隱有些不舒服。原來我從吃完中飯之後就一直想解便，但再怎麼用力卻都解不出來，沒想到後來連解尿都做不到。

吃完晚飯後越來越擔心，打電話給一位醫師朋友。他說解不出尿，比解不出便更嚴重，強烈建議我趕緊掛急診。我有些猶豫，因為這樣一來掃大家的興，二來是收拾露營用具非常費時。

到了晚上九點，尿憋到非常難受，只好決定下山。輕便用品先拿，其他大型的帳篷、床墊等，就請大家事後再幫忙收拾。山路陡峭，多虧朋友幫忙開車，待到平面道路再由太太接手急送醫院。

本想去林口長庚醫院掛急診，但擔心高速公路塞車，決定就近到位於竹東的榮總新竹分院。事後證明這個決定是對的，一來比較近，二來病患不多，可以立即處理。到院前，我還口頭交代遺囑給太太，深怕有個萬一，屆時她至少知道該怎麼做。一進到急診室醫師緊急為我插上導尿管助我排尿，並用塞劑助我排便，這才鬆了一口氣。

急診醫師說，我雖無須住院，但日後必須去泌尿科仔細檢查，才能做進一步治療。回到家，已是母親節的凌晨了。

## ◯疏忽身體微小病兆，一發病竟然要手術

我猜想應該很多男性到老年，都會有攝護腺的問題。不過，我除了當天無法排尿，其他時候並沒有明顯病症，唯一有可能的是近一、兩年來，只要看電影或開長途車憋尿後，解尿都要花很長的時間，又感覺沒尿完。但這樣的情況

不常發生，我就也沒有積極處理的念頭。

周一到泌尿科檢查時，一進入診間，醫師就立刻幫我做超音波掃描，發現果然是攝護腺肥大引起的，而且還大到五十公克（正常人只有二十公克）。醫師安排我隔天就進行手術，從發病、急診、門診到開刀，完全沒耽擱到，真要謝謝上天的保佑。

周二下午四點進手術室，全程接近三小時才結束。因為採自費雷射手術，加上下半身麻醉，所以過程毫無感覺，但術後就很辛苦了。

由於割除攝護腺，一定有些血塊殘留在尿道，所以被安裝牽引裝置的右腳在術後八小時內完全不能動，等於沒辦法睡覺。住院期間，要一直打生理食鹽水沖洗血塊。兩天後，醫師評估尿中血色漸漸淡去，才准我出院，但仍舊不能拆除導尿管，得等回診時再評估決定。

我回到家第一件事就是洗頭，因為已經七天沒洗了。雖然醫生說可以正常沖澡，但我還是怕洗髮精弄髒導尿處，只好請太太在洗臉槽幫我洗頭。她幫我洗頭時，我突然很感慨。要不是有她在，我要怎麼帶著尿袋去理髮院找人洗頭？特別是醫囑要我做最低限度的移動，更不可能外出了。

## ○老來夫妻相伴照顧，是最幸福的事

這時我才發現，夫妻老來相伴，可以互相照顧，真是一件非常幸福的事。但又突然驚覺，如果換作是我必須幫她洗頭，屆時怎麼辦？我真的不會啊！除此之外，在家靜養階段，每餐都是太太煮給我吃；如果換成我照顧她，我只能餐餐幫她買外食回來吃，這樣會有均衡的營養來幫助她恢復健康嗎？

以前我總認為萬一太太先我一步離世，我有能力自己獨立到老。但經過這次的體驗，我才發現自己沒有照顧病人的能力。在她臥病期間，我可能會完全束手無策。

我已下定決心，待一切康復後，我要來跟她學習一些基本料理。甚至還開玩笑地說，讓我先練習一下怎麼幫她洗頭。

「自理」容易，「照顧」更難。我們不該先有依賴子女或看護的心理，而是思考在還沒有外援時能否獨自完成。

這絕對是我此次生病的最大體悟。

## 5-5 用小劫化大劫

前一篇提到我動了攝護腺手術，後來還有續集。沒想到術後接近一個月，我出現血尿，又動了膀胱鏡手術。

攝護腺手術後，朋友要我去買彩券，因為「大難不死，必有後福」，所以一定會中獎。我說不敢買，因為如果沒中獎，表示這次並不是「大難」，還有更大的災難在後面，沒想到一語成讖。

在我出院時，醫師特別叮嚀我術後一定要好好靜養，就算拿掉導尿管，也不可以做激烈的運動，例如騎腳踏車、爬山等等。我當場問他，我預計今年七月底要去爬日本富士山，是否還能成行？他跟我說應該沒問題，但行前訓練要慢慢恢復，不宜躁進。

後來發生血尿事件，究其因便是我的自主訓練操之過急。

## 壓垮膀胱的最後一個動作

為了謹慎起見，我的導尿管是在確定尿液中完全沒有殘血之後，於術後兩星期才拿掉。幾天之後，我依約去某個公家單位演講兩小時，雖有些疲累，但解尿完全正常，沒有任何滲血現象。既然站兩小時沒事，我就決定開始恢復散步。

河濱公園離我住家不遠，趁某日傍晚、天氣涼爽之際，便去做第一次長距離的步行。來回超過四公里，一整天下來手機紀錄也超過一萬步。一切都很正常，終於給了我比較大的信心，也決定開始去健身房使用跑步機，而且只用走的，每次頂多三十分鐘。

接下來，同樣的路又走了幾次，包括發生血尿的當天中午。晚上與朋友有個聚餐，臨出門前還想說來徒手做幾個「羅馬尼亞式」的重訓動作。

事後得知，膀胱的血管非常細微脆弱，或許連走幾天的平路已經將血管擴充到臨界點，而那個重訓動作就成了「壓垮駱駝的最後一根稻草」。

聚餐結束要回家前，我去上了一次廁所，看到血絲流了出來，當場真的是嚇壞了。回家後情況未見改善，甚至一滴尿、一滴血都流不出來，趕緊去醫院掛急診。

經超音波檢查，血塊足足有五公分這麼大，用導尿管已無法解決。當急診醫師束手無策之際，我的泌尿科主治醫師居然在半夜三點多出現在我床前，我感動到幾乎要哭了出來。他立刻安排手術，在六小時後清出血塊，然後住院觀察一天後才出院。

住院期間，最讓我煩惱的不是何時出院，而是還該不該如期上富士山。

## ◯懂得放棄，人生沒有任何一件事非做不可

二〇二三年底報名參加富士山登山團後，這件事就成了我二〇二四年，甚至是人生最重要的一個努力目標。過完春節，我一周去健身房三次，用跑步機

來訓練心肺功能，也決定提高重訓強度。甚至每周去看一次物理治療師，進行筋骨的調整，為的就是屆時能順利登頂。二〇二四年五月初，我甚至還上合歡山進行高地訓練，確定沒有高山症。

二〇二四年五月動完攝護腺手術，就已經深怕從此不能上富士山，內心非常不甘願。沒想到六月又動膀胱鏡手術，難道就要正式宣布放棄了嗎？

在病床上輾轉反側，非常不情願所有努力都將付諸東流，這種心情也難讓我好好靜養。但最大的焦慮來自「在富士山上會不會再次發生血尿？」沒有人能保證不會，如果再次發生，可能一切都來不及了。

既然仍有發生血尿的機率，我這才下定決心放棄！內心一旦不再糾結，心情立刻輕鬆了，感覺一切都海闊天空、沒有罣礙了。

我甚至還認為這或許是天意。我的攝護腺問題早已存在，只是一直心存僥倖，沒有積極處理。我該慶幸是在台灣露營時發生完全無法解尿的情形，才有立刻就醫的機會。萬一拖到在爬富士山的路上才發生，那才真的要人命。

老天似乎在對我說：「已經給你一次警告，別上富士山了，你還不放下，只好再給你來一次血尿，你總該死心了吧？」換另一個說法，其實是拿在台灣發生的「小劫」，來化可能在日本發生的「大劫」。

一切都這麼明白，我若還執意上富士山，就肯定會「在劫難逃」了。這兩次病痛應該讓我可以大澈大悟，雖要聽天由命，但更重要的是不要逆天行事。

爬山的朋友常說：「山永遠都在。」以後還有機會去爬。若這次勉強去爬，或許永遠沒機會登頂了。

人生真的沒有任何一件事是非做不可的。就算未來也沒登上富士山，我這一輩子所經歷過的這麼多事，也不會讓我有什麼遺憾了。

## 5-6 勇敢面對癌症治療，一定能重新找回健康

我有個大學同學歷經癌症手術、電療與化療後，親自寫下了完整的過程。這份鉅細靡遺的紀錄，對於正接受治療，或萬一未來必須面對癌症治療時要做的心理建設，都應該很有幫助，所以徵得他的同意，特將重點摘錄如下：

我在去年二月底，只要吃到較硬的食物，舌頭下方就感覺不舒服，沒多久就變成痛。初期以為是小傷口，所以不以為意。一直到三月底，始終好不了，也用了口內膏塗抹，但仍未見效。這時我的頭髮白得很快且會掉髮，也很容易疲倦，睡眠品質很差。後聽勸告「口腔內的傷口如超過兩星期還不能癒合，可能都是大問題」，趕緊去醫院檢查。

檢查的結果竟是「舌邊緣惡性腫瘤」，並初判為二至三期，需要立即手術處

理。醫師說抽菸、嚼檳榔、酗酒是這種癌症的三大主要成因，但在我身上並不成立。我認為或許和我愛喝熱湯或假牙摩擦有關。

手術內容主要是兩部分，舌頭腫瘤患部割除、頸部淋巴擴散硬塊廓清。我的舌頭約割除了四分之一至三分之一，而淋巴廓清中二十六顆硬塊中有三顆是癌粒。照此判定，我應是舌癌四期。幸運的是手術很成功。身上除了餵食的鼻胃管，還有一條頸部手術汙血的導流管。這兩條管子讓我極不方便，特別是鼻胃管讓我很不舒服，因為入眠後，極易因為碰痛產生鼻水，造成鼻塞而醒來。

兩條管子能否卸下，是出院的要件。頸部汙血導流管的排量是每天要檢測的，鼻胃管的卸下則是看我能否進食。護理師給了我小量杯，讓我試著喝水，每天記錄量杯喝了多少毫升。離院前一天還得檢測，我是否能吞嚥不同濃稠度的流質物。

## 由於復發機率仍高，持續進行放化療

雖然手術非常成功，但復發機率仍高，所以我決定接受主治醫師建議，繼續進行放化療。我的療程約六至七周，以電療為主、化療為輔。電療的副作用是頸部照射部位將有類似太陽曬傷的焦痕。口腔內因唾液腺遭破壞，導致味覺改變、易口乾及舌面潰傷。因我的化療是輔助，所以用劑量不大，副作用是嘔吐和影響食欲。

頸部照射曬傷痕可塗抹蘆薈膠舒緩癢痛，口乾隨身攜帶水壺解決問題，口腔破損則可服用麩醯胺酸。為避免頸部照射部位硬化，護理師還提供一套頭頸部的體操動作，每日做五十遍。

放化療的副作用是累積的，所以治療到後期會越來越辛苦，醫師要我有心理準備，最後兩周一定要挺住。

電療是每周一至周五，只要上機台後，對位很快、很準，就可在十五分鐘內完成；化療每周一次，周三先抽血，周四門診醫師會根據血液檢驗數值，決定是否可進行治療。藥物的注入像吊點滴，時間約需三個半小時，但過程很悠閒，還可滑手機。

療程開始後，我的進食也從流質、軟質，進步到可咀嚼不太硬的食物。每天兩至三罐的「安素」是我的基本營養來源，肉類只有牛菲力五分熟以下的柔軟度可咀嚼，且必須先切細切小。體重不能急降，否則會被迫停止。每周一至兩公斤的下降是極限，所以我以多吃來因應。

## 走過最痛苦的過程，我活下來了

身體在一周後開始產生變化，鬍鬚也長不出來了。入口的飲食都像是加了點鹽巴。前四周偶有口腔黏膜破損，但很快就好。到了第五周轉趨嚴重，舌部也開始潰傷，化療隔日還會打嗝一整天。第六周口腔破洞和舌潰傷已嚴重到連喝水都會痛。

化療六次結束後，我的白血球數竟只剩二七〇〇（編按：正常值在四千到一萬）。最辛苦的這時才開始。因為口腔破損和舌潰傷，已讓我無法正常飲食，也痛到無法言語，只能書寫溝通。短短十天，我的體重因此下降了約十公斤。我越無法進食，胃似乎也越變越小，每次吃一點點就感覺飽了。

過程中，副作用也陸續產生，例如我竟患了蜂窩性組織炎和便祕。七月和八月是我這輩子最艱難的時刻，每天都在想是否有新的難題要面對？要如何解決？九月初，口腔破口都已癒合，舌潰傷也不再那麼嚴重，味覺開始逐漸回復，副作用只剩下口乾，約兩小時就得喝水外，其他問題大致已不見。

這時我開始努力要將失去的體重吃回來，還有做自我的體能鍛練。從每天走四千步，逐步增加到一．二萬步，後來進步到可以在一小時十分內完成。十月初體重已回到七十公斤。之後改騎腳踏車和跑步來鍛練，四千五百公尺可在三十七至三十八分鐘完成，令我相當滿意。

最後，來分享我的心路歷程。

切片檢驗是惡性腫瘤時，我並沒有驚慌害怕，就當它是一個死活關卡，碰到了就正面應對，把該交待的事項囑咐家人，所幸並不多。

我的座右銘是「常保赤子之心」，我的生活哲學則是「快樂過每一天」。所以雖是生死關，但我也希望藉此機會，能讓我的孩子看到我是如何面對，從而建立一個榜樣。

**第三人生，要活就要動！**

**樂活大叔的健康ＩＮＧ法則：**

**一、日行萬步還不夠！**

走路雖然是一項很好的活動，但並不足以帶來好的肌力成長效果。試著進行重訓吧！

**二、小心帶狀疱疹！**

年紀越大症狀越嚴重，注射疫苗才能避免付出更龐大的醫藥費！

**三、有氧運動，循序漸進**

不宜一開始就挑戰高難度的健行，不妨從市區親民步道練起。

**四、不疏忽身體微小病兆**

一發現身體問題，就要積極處理。

# 06 CHAPTER

# 道別 ING

道別難，善終更難

我的父母都在痛苦中離世。
不過，我當時決定把他們留在家裡，不送去醫院，
就是希望至少能讓他們在最熟悉的環境中離開。
父母終究會離我們而去，
只期盼他們心無罣礙，子女也沒有遺憾。

# 6-1 別勉強自己走出傷痛，但日子還是要過下去

二〇二二年十月上旬，去爬了嚮往已久的抹茶山。同行的人除了太太之外，還有她高中同學的先生。我們兩對夫婦很熟，曾一起出國玩了兩次，但為何這次只有先生同行？因為太太在今年初往生了。

## ◯看不懂樂譜，他學鋼琴解喪妻痛

他現在和兒子一起住在台北市的新家，不願一個人回去新北市舊家住。

他說無法一個人待在夫妻倆曾經共同生活幾十年的空間，也不想整理妻子遺留下來的任何東西。一來是整理時會傷感，二來也希望完整保留來紀念妻子。

看來他還沒辦法從喪妻之痛走出來。但他也說，日子還是得想辦法過下去，所以非常謝謝我們邀他出來走走。

當天為了能夠養精蓄銳爬山，所以我們決定前一天先到礁溪住一天，不過他說當晚有事，可能要到晚上十一點才能入住。

爬完抹茶山後回到旅館聊天，我們終於知道他前一晚為何那麼晚才能到的原因。聽完之後，我和太太差點笑到跌坐地上，原來他要去上鋼琴課！

從來沒聽說他有音樂天分，他居然膽敢去上？

我認為很多事學了就會，唯獨音樂，沒天分就真的學不來，所以我從來沒想過要去學樂器。

他說自己根本看不懂五線譜，連簡譜也認不得。

老師問他為什麼要報名？他說因為想報的課已經額滿了，正巧看到家中兒子小時候彈的鋼琴，而鋼琴課仍有名額，他就報名了。但他跟老師保證，他絕不缺席，一定學到會。

為了這個承諾，所以只好下課後再趕到礁溪。

## ○嘗試新事物，學習「獨立」老

他其實最想學的是法國料理。妻子往生後，他仍能做幾道家常菜自己吃，但這讓他覺得還在過以往的生活，又會想起妻子，所以必須找點新鮮事來做。

除了學習新事物，他也用跑步來打發時間，從一開始跑操場一圈四百公尺就累到氣喘吁吁，到現在已經能夠輕鬆跑三十分鐘。大多數人的目標是跑「幾圈」，但他的目標是跑「多久」，也很另類。那天上抹茶山，果然看出他平日透過跑步鍛鍊出來的心肺力。

他姐姐一直勸他，趁還不算太老，可以嘗試再婚的可能，畢竟未來歲月還很長，有個伴侶總是比較讓人放心。他說自己應該不會這麼做，畢竟他什麼家事都會，沒有需要被人照顧。

這也和我一向的主張不謀而合。每個人都可能是配偶中比較晚走的一個，所以我們不只要接受「孤獨」到老，也要學習如何能夠「獨立」到老。趁另一半還在時，趕快學習他（她）所有的生活能力吧！

我不想安慰他趕快走出傷痛，但看到他努力過好每一天，就覺得很棒了。

## 面對親人逝去，別迴避傷心

我有一位大學同學，幾年前太太往生了。他們夫婦每次都是一起參加同學會，所以我們跟他太太都很熟。我這位同學的個性有點大男人主義，所有生活瑣事統統都由太太打點，而且他們夫婦每一次都會為參加的同學準備伴手禮，我相信這都是出自太太之手。

就在爬完抹茶山的隔天，我們大學同學又在餐廳聚餐，他還是維持一貫作風，為大家準備了伴手禮。

但令人印象最深刻的是，紙袋上的貼紙註明是他和太太聯名贈送。因為是貼紙，所以我相信他現在準備的任何禮物，都是和太太一起送的，甚至覺得此時的他，已經和過往大男人主義的形象有些不一樣了。

我想這也是一種紀念太太的方式，讓她永遠能和好朋友在一起。

面對親人的往生，沒有人會不心痛。不要迴避傷心這件事，別告訴自己「傷心過一天，開心也是過一天」，然後勉強自己開心。日子總是要過，去找找朋友、去找幾件沒做過的事來做，都比自己宅在家、永遠困在傷心囚籠要好。

## 6-2 不用再擔心父母後，心突然空了

身為父母唯一的子女，面對他們逐漸衰老時，心中永遠的恐懼就是：「半夜他們會不會打電話來？」即使出國旅遊，開心玩樂之餘，仍伴隨著忐忑的心。甚至在看完電影後，發現沒有他們的未接來電，才能鬆一口氣。

然而現在不用再擔心了，因為他們兩人在二十三天內相繼往生，但我的心反而整個空了。

二〇二二年七月十日，我正開車北返，在湖口服務區略事休息時，接到女兒來電說：「阿公發高燒了！」心想他幾乎已不再出門，應該不是確診Covid-19，看來可能是發生感染的問題。

父親已經九十歲，膝蓋無力，走路遲緩，在家偶爾也會跌倒。母親已經無法從地上扶起父親，不是要我趕去幫忙，就是請鄰居協助；他也已失智，幸好

不是暴怒猜疑型；屎尿難以控制，只好永遠包尿布；牙齒壞到只能吃稀飯配肉鬆；早就耳不聽、目不明；成天只能吃完睡、睡完再繼續吃，可說已毫無生活品質可言。

## ○人生最難決定，不送老父就醫受折磨

有鑑於此，我進門後就直接跟母親建議：「不要送爸爸去急診了，不要讓他在醫院受折騰了！」講完，我和母親淚眼相對，知道這應該是他人生的最後一段路了。

去藥局買退燒藥之際，也順便打給一位朋友，他前陣子剛幫太太辦告別式，我向他索取禮儀公司的電話。我這時的想法就是：「努力救看看，但已做了最壞的打算。」

當晚我睡在父母家。按時扶起臥床的父親吃退燒藥，雖然加上冰枕輔助，但效果不彰，體溫一直在攝氏三十九度附近，甚至一度超過攝氏四十度。

隔天，母親貧血又犯，只好請家人來照顧父親，自己帶著母親去附近醫院掛急診輸血。因為半年來常去輸血倒也已經習慣，並不覺得特別辛苦。想到家中還有高燒不退、呼吸困難的父親，才真的是心急如焚。

送母親回家之後，看到大女兒買了許多醫材，準備和阿公一起長期抗戰；兒子非常努力地幫阿公拍背，希望能幫他把痰催出來；小女兒則一直在請人幫忙找特別護理師來。我們都不是醫護專業，必須找外援。

父親到了晚上，呼吸已經通順不少，只是高燒問題未解，而且已經難以餵藥，甚至兩天都無法進食。沾棉花棒濕潤嘴角，看來只是聊勝於無。好在深夜傳來好消息，特別護理師隔天早上九點就會到。

## ○慶幸父親僅痛苦三天，生者亦是解脫

七月十二日，特別護理師到了以後，幫父親擦拭全身，還裝了鼻胃管，餵了一罐營養品「益力壯」給他。正覺得父親有機會逐步恢復時，沒想到早上十一

點多，他還是安詳往生了。

我摸著父親再也不會跳動的心臟，痛哭失聲。但我也慶幸他只痛苦了三天，並沒有折磨太久，而且是在他最熟悉的床上往生，應該也沒有驚恐。或許他一直在等著吃一餐，心願終於得償，我想他也了無遺憾。

打了電話給禮儀公司，請他們來協助後續事宜。看著父親被他們捧著送上車，然後跟著他的大體一起前往第二殯儀館時，我的眼淚再次潰堤。

母親當場同樣不捨、痛哭，但她立刻把父親放在桌上的所有藥物、醫院慢性處方箋、回診單，還有記錄他每天血壓狀況的記事本，全部丟進垃圾桶。我這才發現父親的往生，對母親何嘗不是一大解脫。因為她不必再把照顧父親這件事，當成她每天唯一的生活了。

## ○最怕給人添麻煩，「謝謝」成遺言

小女兒後來跟我說，七月九日她去看阿公、阿嬤時，阿公的精神已經很差，但她要回去時卻說了句「謝謝妳」。後來，父親一直臥床掙扎，沒有再說過任何話，所以「謝謝妳」三個字，可能是他在人世間所講的最後一句話了。

父親一生最怕給別人添麻煩，只要幫他做任何事情，即便是微不足道，他也總是一再道謝。

他只讓家人為他辛苦了三天，完全符合他一貫的個性。不過，我在告別式上緬懷他時，居然忘了講這個小故事，讓我至今依然自責不已。

# 6-3 孝順必須做到最後一刻，否則還是遺憾

父親往生的第二十三天，母親也在家嚥下最後一口氣。

母親往生，我的悲痛遠不如父親，因為她人生最後二十天實在過得太痛苦了。看著她宛若熟睡的遺容，我沒有暴哭，因為我真的懂了什麼叫「離苦得樂」。

她在父親往生的前幾天，不小心摔了一跤，當時我立刻扶起她。與以前的情形相比，不算嚴重，所以也沒特別注意後續發展。

父親往生後，為了陪伴母親，我暫時搬去跟她住。一開始，只覺得她在家裡走路越來越吃力，後來只好拿出多年前買的輪椅，推她在家裡活動。後來她連輪椅都坐不住，直喊疼。

很多親戚來家裡向父親致意時，母親甚至不想下床招呼。親戚要我快找看

護來照顧，我也不顧母親反對，積極透過各種關係尋找適合的看護。

往後幾天，親戚常打電話來關心，但只知道要我快點找看護。我有次受不了這種敷衍的建議，氣得回嘴叫他別給我任何指導了。

## 小跌跤竟致癱瘓，不捨母親煎熬

父親往生後第七天，終於找到阿春姨來家裡照顧母親。直到那時候，我還是認為母親的癱瘓是出於太過傷心，根本沒把那次摔跤和當時狀況聯想在一起。所以我並沒有找具護理背景的看護，只是希望她來看顧母親的安全，並做一點簡單的家事。

阿春姨來的第四天，母親已經很多天無法解便，非常痛苦，只好跟阿春姨推著坐輪椅的她去看對街的腸胃科。醫師幫她清宿便的同時，發現母親臉色蒼白，要我們立刻送她去急診。近半年來，母親常因貧血到醫院急診輸血，當下只想說大概是又到了該輸血的時候吧。

攔了計程車，送她去附近醫院急診。這次她完全無法走動，只能靠輪椅。醫生怕她肺部有感染，安排去照X光。醫師看片子時，赫然發現母親的骨盆已經碎裂。我這才知道原來那一跤，是讓母親身體狀況急轉直下的真正原因。

醫師說，除非開刀，否則無法復原。但母親年紀太大，手術風險過高。我們決定不動刀，但未來可能必須長期躺臥在床。

當天母親因為不斷在輪椅、病床、電梯、樓梯，還有上下車的過程中被折騰到痛不欲生。而自從那一天開始到往生前，她都在床上度過了身心最煎熬的時光。

## ◯日夜照護母親，痛心卻無能為力

我答應阿春姨周休二日，所以周六和周日由我照顧母親一整天。所有簡單的照護，我都還算上手，家人也有來幫忙。白天尚能應付，但夜晚才真正是體能與耐心的嚴苛考驗。

白天最難的是把她從床上抱起，讓她坐在床沿吃飯和吃藥。但因為她坐超過一分鐘就會受不了，所以必須非常快速完成這些事。因為太痛，她也沒食欲，勉強喝些營養品「安素」和「益力壯」而已，也常常喝不完。

此外，她總是要我幫她換各種姿勢，但沒有一種能讓她舒服久一點，搞得她和我都心力交瘁。儘管看著她痛到一直流淚，但我真的無能為力。

到了晚上，母親本來就不易入睡，常年須靠安眠藥來協助。現在骨盆破裂的疼痛，讓她更難成眠。我怕自己打呼影響到她，就睡在父親生前就寢的隔壁房間，但她痛到每十分鐘就呼喚我一次。我每次被吵醒，都告訴自己要忍耐。但幾次之後，我開始按耐不住情緒，講話越來越大聲，還責備她讓我不能好好睡覺，後來我幾乎整夜都沒睡。

事後想起這些言語暴力，讓我非常自責，如果早知道她時日不多，我真的應該努力忍耐、事事都順著她才對。我就累幾天而已，難道會比她還痛苦嗎？

母親後來因貧血舊疾復發，已無法移動她送醫急救。最後她也和父親一樣，在我的陪伴下，在家安詳往生。

我一直自認是個孝順的兒子，而且因為是獨子，所以每個周末陪伴她是責無旁貸的。此外，她一肩扛起照顧父親的責任，沒有讓我太過操勞。我只能每天晚上打電話跟她問安，有時候聽她吐苦水，也算是讓她有個宣洩情緒的出口。

我孝順了一輩子，卻在她人生的最後幾天前功盡棄，可能是我此生最大的遺憾。我跪在她的大體旁，但再多的悔恨都挽回不了她的生命……

## 6-4

# 你要留下什麼來紀念往生的親人？

整理遺物是一件傷心的事，父親留下許多自認有價值的東西，但在家人看來都無足輕重。這件事帶給我很大的啟發，真該開始斷捨離。別覺得每件東西都重要，或認為總有一天用得到。

父親生前有蒐集錢幣的嗜好，但只會買一些紀念套幣，並不會去錢幣社高價收購稀有錢幣。近日，我花了一些時間整理這些收藏品，但看來沒有太多增值的可能。

不過，在一個平凡無奇的錢幣蒐集簿裡，赫然發現二十幾枚日本古幣。因為沒有妥善保管，都已生出銅綠，字跡也非常模糊。我一個個努力辨識的結果，發現最古的錢幣居然是明治四年（一八七一年）的二十錢，最新的也距今近百年，是昭和十九年（一九三三年）的一錢。

看到這些古幣，心想或許是值錢古物！但又納悶，父親怎麼會去買這些不同年份、幣值也雜亂的古幣來收藏呢？

我後來把它們拍下來、放上臉書，希望有朋友介紹專家來幫我鑑定，甚至可以直接開價收購。有位朋友立刻說他認識這方面專家，或許能幫上忙。

在等待回覆期間，腦中突然浮現一個念頭，這難道是我阿公往生前留下來未使用的錢幣嗎？這樣想就合理了，這不是父親刻意蒐集，只是他留下來紀念父親的東西罷了！

隔天這位朋友傳來專家回覆，居然跟我的猜測不謀而合。他說，或許只是單純的紀念意義，而且如果不是很多，也不占地方，就別花精神處理了。

我看完回覆後，感到非常自責。父親留下紀念阿公的錢幣，我居然不知珍惜，還想拿去變賣換錢！這立刻讓我回想起父親生前做的另一件事，讓親戚們都覺得很傻眼。

我阿公生前是能透過「扶鸞」來接收神意的鸞生，晚年寫了一本大家都看不懂的經書《三教大道圓音太上玄微合篇》。十幾年前，父親請人重印這本經書，因為找不到原來的出版社，加上本數不多，所以花了很多錢，還被我和母親嫌他浪費。印好之後，他要我分送給所有親戚。我想他們拿到後，大概就隨手扔了。

我相信父親根本沒讀過這本經書，但他認為這是阿公一生心血，所以不只想自己留作紀念，還要送給所有親戚。在整理父親遺物時，我發現還留有幾十本，我想我也繼續保留吧！

## 父遺物成值錢古物，千金不換留紀念

我不只保留了父親紀念阿公的經書，還把他生前穿過的球鞋留了下來。父親身材不高不壯，他所有西裝、長褲我都穿不下，唯獨這雙球鞋勉強還能穿。

這雙球鞋是我直接買給他的，但事後發現有點大，他偶爾還因此跌倒。後來我帶他去買了比較合腳的休閒鞋，才發現他穿二十三號半都嫌大。

這雙鞋，我不穿襪子還穿得下。如果碰到下雨天，可以穿它去住家附近買東西，也算是另一種紀念方式。

後來我在衣櫃深處發現好幾把四十年沒用過的木製網球拍。我念大學時，唯一和父親一起從事的活動就是打網球。他打得非常好，我則打得很差，常讓他東奔西跑去救球。當兵、就業之後因為太忙，就不再有機會跟他打球了。加上他後來也愛上打高爾夫球，球拍自此束之高閣。

幾個當時和我一起打球的大學同學說，木製球拍已經絕跡，現在應該成了很值錢的古物。但我應該不會賣掉它們，因為握著球拍，當年和父親對打的情景立刻鮮活起來。

我認為紀念父親的東西，留到我這一代就好了，免得將來又造成後代整理時的壓力。有次去露營時，我忽然有感而發：一個帳棚裡的東西就足夠生活了，家裡真的不需要留太多東西。在世時花時間清理，往生後就能讓家人不用花太多精力來做這件傷心事。

# 6-5 毫無遺憾地面對父母的離去

日前老友返國辦理父母親的遺產繼承事宜，因此有機會和他長談。我們的父母親都在二〇二二年相繼往生，所以大部分時間都圍繞在這個話題上。

他的母親往生前有些失智，仰賴父親和他們兄妹三人照顧。不同於很多家庭常因照顧父母造成手足失和，我從來沒聽過他們兄妹為此事起爭執，這一點非常難得。

多年前，我帶父親回診後搭計程車回家。司機非常訝異，因為他很少遇見有兒子會陪父親去就醫。

他說最常見的情形是外勞陪伴，不然多半就是女兒在旁邊。因為我是家中唯一獨子，當然責無旁貸，也沒有什麼可以抱怨的。

## ○陪伴最久做最多，最易被嫌棄

現代家庭經常是夫婦同時要上班，只好請外勞協助照顧生病的年邁父母。如果沒有外勞幫忙，就容易造成兄弟姊妹在分配照顧責任上的衝突。無法照顧父母最好的理由不外乎工作太忙，或是還有家庭要顧，不然就是自己經濟狀況不好。最後，這個重擔往往就落在沒上班、沒結婚，或最有錢的子女身上。

很多作家、網紅就常常是被迫承擔照顧責任的人，他們有讀者群或粉絲群，心中的委屈還能透過寫作來抒發。大家看完文章後，很自然地會投射到自己身上，然後覺得自己並不孤單，也能藉此得到很好的療癒效果。

不過，因為他們有話語權，讀者或粉絲當然會寄予同情。但我常想，被他們抱怨的手足難道真的這麼絕情嗎？他們真的寫出百分之百的事實嗎？造成今天手足失和，他們完全沒有該負的責任嗎？俗話說「家家有本難念的經」，外人真的不該只聽片面之詞，就做出任何論斷。

勞心勞力照顧父母的人，心裡最不能平衡的就是其他手足很少來看父母。但是他們只要來看一次，父母就開心得不得了；但是自己照顧父母做得最多、陪伴時間最長，卻常常被父母嫌棄。

這種情形肯定會讓當事人非常沮喪。但換個角度想想，父母離世之後，照顧者絕不會有任何遺憾。其他手足除非鐵石心腸，不然愧疚感必然伴隨他們終生。

## 不是主要照顧者，就別質疑對方決定

你怎麼照顧父母，子女們都看在眼裡，於是你逐漸衰老之後，他們也會用同樣的方法來對待你。不照顧父母的人，他們的子女也很可能會棄養他們。我一直認為「以身作則」是教養子女唯一有效的方法。

我甚至認為「物以類聚」，當你身邊的朋友都是認真照顧父母的人，你自然而然也會這麼做，反之亦然。

我有一對兄妹朋友，當父親重病後，他們的分工是妹妹接父親去住，哥哥接尚稱健康的母親去住。要媳婦照顧公公，當然比不上女兒照顧父親，而女婿對岳父的悉心照料，真的可以去領「女婿楷模」的獎項。

另外，我也有個排行老么的朋友，兄姊都已移民美國。這幾個月來，母親健康每況愈下，兄姊都從美國回來，甚至還有人放下健康也出問題的另一半，每天輪流陪伴母親。他們不是只住幾天，而是已經回來好幾個月了。

若不是那個主要照顧父母的人，請千萬不要責備主要照顧者做的任何決定。有人認為自己出了錢，就該聽他的；有人根本就長期住在國外，意見卻特別多，甚至怪罪國內的手足沒有做出正確的醫療決定。

## ○老父斷食走得安詳，兒女成全兩無憾

這篇一開始提到的那位老友，他們兄妹倆二〇二〇年底面臨了一個更艱難

的決定。他們父親身體還很硬朗，但一來思念去世的老伴，二來覺得此生已經滿足，居然決定要用斷食結束自己的生命。

我問老友，怎麼會同意父親這麼做？他認為要父親長壽，是「子女」的想法，不是「父親」的想法，所以他和妹妹決定尊重父親。

父親斷食，因為確定在幾天內就會往生，反而給了他們最完整的相處時光，讓子女能陪伴父親到最後，永遠都不會有遺憾。老友說，父親在完全沒有痛苦的情形下，走得非常安詳。

不像老友的父親，我的父母都在痛苦中離世。不過，我當時決定把他們留在家裡，不送去醫院，就是希望至少能讓他們在最熟悉的環境中離開。

父母終究會離我們而去，只期盼他們心無罣礙，子女也沒有遺憾。

國家圖書館出版品預行編目(CIP)資料

樂活大叔的幸福本事：施昇輝的第三人生進階提案/施昇輝著.
-- 初版. -- 臺北市：今周刊出版社股份有限公司, 2025.01
240面 ;14.8X21公分. -- (社會心理 ; 43)
ISBN 978-626-7589-12-0(平裝)

1.CST: 退休 2.CST: 生涯規劃 3.CST: 生活指導

544.83 113017718

社會心理 43

# 樂活大叔的幸福本事
## 施昇輝的第三人生進階提案

作　　者　施昇輝
總 編 輯　李珮綺
資深主編　李志威
特約主編　蔡緯蓉
封面設計　張巖
內文排版　菩薩蠻數位文化有限公司
校　　對　李志威

企畫副理　朱安棋
行銷企畫　江品潔
業務專員　孫唯瑄
印　　務　詹夏深

發 行 人　梁永煌
出 版 者　今周刊出版社股份有限公司
地　　址　台北市中山區南京東路一段96號8樓
電　　話　886-2-2581-6196
傳　　真　886-2-2531-6438
讀者專線　886-2-2581-6196轉1
劃撥帳號　19865054
戶　　名　今周刊出版社股份有限公司
網　　址　http://www.businesstoday.com.tw

總 經 銷　大和書報股份有限公司
製版印刷　緯峰印刷股份有限公司
初版一刷　2025年1月
初版二刷　2025年2月
定　　價　380元